Pequeno Manual de
Metodologia da Pesquisa Jurídica

ou roteiro de pesquisa para estudantes de Direito

Gustavo Silveira Siqueira

Instituto Pazes
Belo Horizonte
2021

Sugestões para o aperfeiçoamento deste trabalho podem ser encaminhadas diretamente ao autor:

gustavosiqueira@uerj.br

gustavo.siqueira@estacio.br

@gustavosilveirasiqueira

Segunda edição
Segunda reimpressão

CATALOGAÇÃO NA FONTE
UERJ/REDE SIRIUS/BIBLIOTECA CCS/C

S618

Siqueira, Gustavo Silveira.
Pequeno manual de metodologia da pesquisa jurídica: ou roteiro de pesquisa para estudantes de direito / Gustavo Silveira Siqueira. – 2.ed. – Belo Horizonte: Instituto Pazes, 2021.

256 f.

ISBN 9798555575012

1. Direito - Metodologia. 2. Pesquisa jurídica. 3. Pesquisa Metodologia. I. Siqueira, Gustavo Silveira.

CDU 001.81:34

Bibliotecária: Angélica Ribeiro CRB7/6121

Para

António Manuel Hespanha
Caroline Ferri e
Cecília Caballero Lois

O mundo ficou mais triste sem vocês...

Não faço isso para ser original, nem para vos escandalizar ou meter medo. Mas para vos habituar a exigir, a cultivar, um saber esclarecido, um saber plural, um saber complexo e um saber crítico. Isto é: para se habituarem a ser exigentes perante o que vos querem vender.

António Manuel Hespanha, "Boas-vindas aos discentes da Universidade Nova de Lisboa"

AGRADECIMENTOS

Agradeço aos meus estudantes. Foi com vocês que aprendi, e foi da convivência e da troca de experiências com vocês que este livro nasceu. Espero que eu possa ter contribuído com vocês, na mesma maneira que vocês contribuíram com a minha formação.

Da mesma forma, agradeço aos leitores da primeira edição. O fato da primeira impressão ter esgotado em poucos dias e as sugestões que recebi dos leitores estimularam a rápida elaboração da segunda edição. Seguramente, o livro ficou melhor a partir do contato com aqueles que leram e fizeram sugestões.

Este livro, finalizado durante a pandemia que assolou o planeta em 2020, não seria possível sem o carinho, as críticas e as sugestões de Mayara Carvalho. Jamais terei palavras para agradecer o apoio e a sua dedicação. Esse livro é um pouco do mundo que vivemos e talvez muito mais: é também o resultado do seu incentivo, do seu estímulo e da sua dedicação. Agora, ao escrever e revisitar algumas partes do que foi escrito e trabalhar na segunda edição, vejo quanto dele é devido a você. Muito obrigado por tudo.

Sumário

Agradecimentos..6

Prefácio 10

Introdução 18

1. O objeto de Pesquisa e a pesquisa preliminar 36

    1.1   O que faz com que um texto se torne uma pesquisa?..60

    1.2   A importância da história dos conceitos no Direito 63

2. A Pesquisa Jurídica e as outras áreas: História, Sociologia, Filosofia, Economia... 70

    2.1 O uso da História no Direito 73

    2.2. Primeiro passo: as fontes................................78

    2.3 O problema da Filosofia do Direito...............85

3. O problema do direito comparado 90

4. Notas sobre a Pesquisa Empírica 103

5. Como definir os Objetos e o Problema de Pesquisa? 117

    5.1 A questão das amostras 124

    5.2 Voltando ao "problema" 130

    5.3 Objetivo geral e objetivos específicos...........136

6. Metodologia ou como fazer o trabalho 143

    6.1 Como ler um livro? Ou como entender que revisão bibliográfica não é pesquisa..................144

6.2 Tema-problema **149**

6.3 Justificativa **149**

6.4 Hipótese **151**

6.5 Objetivos **152**

6.6 Metodologia **153**
    6.6.1 Pressupostos conceituais e marco teórico 155
    6.6.2 Estado da arte 161
    6.6.3 Variáveis e indicadores 164
    6.6.4 Tipos de pesquisa 167
    6.6.5 Cronograma 180
    6.6.6 Resumo 181
    6.6.7 Sobre as referências, como citar e sobre o plágio 182

7. Algumas palavras sobre o trabalho final....188

7.1 Introdução, desenvolvimento e conclusão ...188

7.2 As bancas de defesa, as revistas científicas e os Congressos de Direito **193**

8. Palavras finais **202**

Referências **207**

Sobre o autor **218**

ANEXO A – Modelo de projeto de Pesquisa..219

ANEXO B – Carta aos discentes **253**

PREFÁCIO

O Pequeno Manual de Metodologia da Pesquisa Jurídica é resultado de um processo de ação e reflexão do Gustavo Silveira Siqueira. Este Manual não é fruto de uma reprodução de impressões e de aulas de metodologia da pesquisa oferecidas no Programa de Pós-Graduação em Direito da UERJ. O autor vai muito além. Com um estilo simples, direto e ligeiramente crítico, Gustavo revela seu próprio processo de ensino-aprendizagem ao longo dos anos no contexto de uma disciplina ainda pouco explorada no campo do Direito. Nesse sentido, é possível afirmar que o ato de compartilhar conhecimentos sobre metodologia da pesquisa jurídica viabilizou um processo de aprendizagem e de reflexão do autor para que ele pudesse, com maestria, expor, em breves linhas, tudo aquilo de mais fundamental sobre metodologia da pesquisa jurídica.

O modo como o autor organizou a estrutura do livro já revela tanto o exercício de sua ação pedagógica quanto o processo de reflexão sobre a lógica de exposição dos conceitos para a efetiva aprendizagem da metodologia de pesquisa. Ao iniciar o livro com a discussão sobre o objeto de pesquisa, ele traz para o centro do debate a relevância dos dados e das fontes como primeira abordagem no percurso da construção de uma pesquisa. Como professor de metodologia da pesquisa em Direito, eu também costumo alertar às pessoas que desejam realizar uma pesquisa de que devem iniciar esse processo com uma análise prévia dos dados e das fontes quer se trate de uma pesquisa empírica quer se trate de uma pesquisa teórica. É essencial conhecer o campo sobre o qual você deseja pesquisar. Assim como o autor, eu também acredito que precisamos manter a mente aberta a esse processo de compreensão dos dados e das fontes presentes no mundo que nos rodeia. Ao abordar essa questão como o ponto de partida da pesquisa, o autor dá a exata dimensão aos dados e às fontes como estruturas basais para a construção de uma investigação minimamente consistente. O direito está no mundo e necessita ser estudado, compreendido e avaliado a partir das relações políticas, sociais, econômicas e culturais.

O segundo capítulo do livro revela a honestidade intelectual e a acuidade conceitual do autor. Ao tratar da relação do direito com outras áreas, o autor procura se ater aos dois problemas essenciais, a saber, o uso da história e o manejo da filosofia do direito. Ambos fazem parte de sua formação intelectual, o que revela a validade e a confiabilidade dos argumentos trazidos pelo autor na crítica ao mau uso dos conceitos históricos e filosóficos em grande parte das pesquisas jurídicas. Como pesquisador da História do Direito, Gustavo Siqueira conhece profundamente os equívocos na utilização de esboços históricos em monografias, dissertações e teses. Além disso, diante de sua expertise, ele pode nos oferecer o que há de mais apropriado em termos de metodologia de pesquisas históricas no campo do direito. Porque ele também se constitui como pesquisador no campo da Filosofia do Direito, é natural que suas críticas e seus apontamentos sobre o manejo de conceitos filosóficos se apresentem como de elementar importância para quem pretende promover uma investigação tanto teórica quanto empírica de qualidade.

No terceiro capítulo, aborda um dos mais recorrentes problemas na concepção de pesquisas jurídicas, o direito comparado. No afã de mostrar erudição e conhecimento de doutrinas estrangeiras, muitas pessoas incorrem no erro de acreditar estar realizando um trabalho de direito comparado quando, em verdade, estão apenas reproduzindo comentários ou referências estrangeiras sem, de fato, estar conduzindo uma investigação em direito comparado. Ao tratar dessa temática, o autor expõe, de forma aberta e clara, erros e equívocos encontrados em vários trabalhos no campo do direito.

No quarto capítulo, ao trazer notas sobre a pesquisa empírica, o autor se mostra atualizado e comprometido com a disseminação dos cânones e dos métodos de pesquisa empírica no Direito, apontando exemplos práticos de pesquisas empíricas e revelando a importante face das investigações empíricas para o campo jurídico.

O quinto capítulo é, sem sombra de dúvida, um dos mais centrais na obra do autor, porque expõe, com acuidade, a relação entre a coleta prévia de dados e a elaboração da pergunta de pesquisa, correlacionando esse processo com a cuidadosa construção dos objetivos geral e específicos. Como os objetivos específicos se relacionam com o processo de coleta e de análise dos dados? Como a coleta prévia de dados serve para auxiliar na construção da sua pergunta de pesquisa? O autor, com sua clareza conceitual, ajuda-nos a resolver esses questionamentos por meio de exemplos práticos, muitos deles derivados de sua experiência em pesquisas bem delineadas e bem estruturadas.

No sexto capítulo, o autor demonstra sua experiência real em pesquisas jurídicas quando aponta para a necessidade de não confundir pesquisas científicas com revisões de bibliografias, confusão esta recorrente no campo jurídico. O campo jurídico é conhecido pela pouca inovação, porque as investigações não se realizam de fato. O que há no campo, no entanto, é uma constante reprodução de conceitos e de estruturas dogmáticas por meio de uma extensa revisão bibliográfica. Com isso, o autor chama a atenção para a centralidade de se pensar o problema de pesquisa e, sobretudo, de se refletir sobre a clareza, a relevância científica e social da pergunta de pesquisa. Por fim, este capítulo termina, com uma exposição sintética e objetiva, sobre elementos essenciais de uma metodologia, a saber, pressupostos conceituais, estado da arte, tipos de pesquisa, métodos, raciocínio, variáveis e indicadores, o que pode em muito auxiliar a construção de um bom projeto de pesquisa.

O sétimo capítulo inova ao demonstrar que não basta conduzir o processo de pesquisa até um determinado ponto. É preciso seguir adiante. É essencial se pensar nos meios de defesa acadêmica do trabalho e de publicação em periódicos de referência. O autor alerta que não basta publicar por publicar. É essencial se pensar sobre o que pretende publicar e sobre o meio em que pretende ver seu relato de pesquisa publicado. Há um rol de boas sugestões as quais precisam ser lidas com a devida atenção.

Finalmente, o autor apresenta suas palavras finais. Não há como não concordar com o autor de que a pesquisa é um longo e árduo caminho a ser percorrido. Não existem atalhos e o processo de aprendizagem não tem fim. Estamos sempre testando, errando e aprendendo. Os erros são parte fundamental desse processo. O Pequeno Manual de Metodologia Jurídica é despretensioso, como assevera o próprio autor ao longo do livro, mas, em minha opinião, toca em pontos essenciais para a disseminação de uma cultura de pesquisa jurídica mais consciente e mais reflexiva. Muitas vezes, vemo-nos perdidos em meio a uma série de artigos de opinião jurídica os quais não derivam de pesquisas científicas, mas sim de pareceres sobre o que pode ser a melhor solução para este ou aquele caso complexo. Ao informar discentes de que a metodologia de pesquisa torna as pessoas mais competentes para se dedicarem ao labor da investigação no campo do direito, Gustavo Siqueira presta um serviço de qualidade ao demonstrar diferenças entre o que é parecer/opinião jurídica e o que é, de fato, pesquisa científica jurídica. Recomendo a quem deseja conhecer o fundamental sobre pesquisa jurídica uma leitura atenta e cuidadosa desse Pequeno Manual de Metodologia Jurídica.

Marcos Vinício Chein Feres[1]

---

[1] Mestre e Doutor em Direito Econômico. Professor Titular da UFJF. Professor do corpo permanente do Programa de

INTRODUÇÃO

> Não vejo razão para alguém fazer uma pesquisa de verdade, que não ao amor a pensar, a libido de conhecer. E, se é de amor ou desejo que se trata, deve gerar tudo o que o intenso amor suscita, de tremedeira até suor nas mãos. O equivalente disso na pesquisa é muito simples: o susto, o pavor diante da novidade. Mas é um pavor que desperte a vontade de inovar, em vez de levar o estudante a procurar terra firme, terra conhecido.[2]
>
> Renato Janine Ribeiro

Se você procura um livro com as normas da Associação Brasileira de Normas Técnicas (ABNT) ou com regras de formatação de trabalhos acadêmicos, você está no lugar errado. Este é um livro para auxiliar aqueles que iniciam a pesquisa

---

Pós-Graduação em Direito e Inovação da Faculdade de Direito da UFJF. Professor colaborador no Programa de Pós-Graduação em Direito UERJ. Bolsista de Produtividade PQ-2 do CNPq.

[2] RIBEIRO, Renato Janine. Não há pior inimigo do conhecimento que a terra firme. **Tempo social**, São Paulo, v. 11, n. 1, p. 189-195, mai. 1999.

em direito. É um livro de introdução, um manual simples. A formatação dos trabalhos, deve ser feita com as regras de revistas, universidades... sendo assim, não me preocupo com elas, pois cada instituição tem as suas. A ABNT[3] é um norte, mas não estou preocupado preponderantemente com este norte agora. Estou preocupado com o processo de pesquisa, em ensinar como se pesquisa (se for possível ensinar). Como acredito que existem falhas na formação dos bacharéis, mestres e doutores em Direito, quando eu falar em pesquisa, serei direto, por vezes irônico e, em diversos momentos, muito sincero.

Em 2021, chego ao meu 10º aniversário como doutor e ao meu 15º ano como professor. Por mais que eu me considere pesquisador somente após o doutorado – como acontece nas principais universidades do mundo –, eu, como diversos outros colegas, comecei a lecionar e a pesquisar antes de me tornar doutor. Não que a conclusão do

---

[3] O presente livro e o projeto de pesquisa anexo foram formatados de acordo com as normas da ABNT.

doutorado seja uma habilitação automática, mas, teoricamente, é considerada o momento em que o pesquisador está formado, quando é atestada sua capacidade de pesquisar, orientar, escrever e defender uma tese. Eu sei que tal premissa é falha. Já tive orientandos de iniciação cientifica capazes de escrever uma tese ainda na graduação e já conheci professores doutores, credenciados em programas de pós-graduação, que até hoje não têm noção do que é pesquisa. Mas, de uma forma ou de outra, o doutorado habilita profissionalmente o acadêmico para lecionar em cursos de pós-graduação (mestrado e doutorado) e desempenhar uma série de atividades que pressupõe o título doutor.

Como manual, este roteiro vem para ajudar, independentemente da titulação, quem inicia pesquisa na área do Direito, seja com o planejamento, seja com a elaboração do projeto de pesquisa, seja com a produção do texto final. Nesse sentido, não se trata de um livro teórico, e sim de um ensaio, ensaio este baseado nas aulas de

Metodologia da Pesquisa lecionadas na Faculdade de Direito da Universidade do Estado do Rio de Janeiro (UERJ) e na Universidade Estácio de Sá (UNESA). Parte preliminar deste texto circulou entre estudantes de graduação e pós-graduação, e publico-o em forma de livro agora para que alcance mais jovens pesquisadores.

As críticas aqui apresentadas também são resultado de vivências profissionais. Já participei de mais de uma centena de bancas de pós-graduação (mestrado e doutorado) dentro e fora do país e posso dizer, sem sombra de dúvida, que a grande maioria dos trabalhos que analisei não era uma pesquisa. Eram, majoritariamente, opinião do autor e/ou revisão bibliográfica. Ambas têm importância, mas, quando noto que um discente não fez uma pesquisa, que é um dos objetos da sua pós-graduação, percebo que ocorreu um erro na sua formação. Acredito que a função da pós-graduação seja formar pesquisadores e produzir conhecimento científico. Quando um desses elementos não está presente, há um grave problema.

A seguinte frase pode parecer muito forte, mas precisa ser dita: grande parte dos trabalhos jurídicos que já li e avaliei, na minha opinião, não passavam de desperdício de vida. Explico: eram meras opiniões que, muitas vezes, poderiam ter sido feitas em uma conversa de bar ou no meio da rua. Não são pesquisas no sentido técnico do termo. São, muitas vezes, no termo utilizado por Luciano de Oliveira, pareceres.[4] São obras técnicas, mas não têm relação alguma com uma pesquisa em si. E, por serem engano – o engano de quem faz um parecer pensando fazer uma pesquisa –, considero que são desperdícios de vida. São erros. Erros que todos nós obviamente já cometemos, mas não há sentido em continuarem a existir. Os trabalhos acadêmicos no Direito não podem ser baseados em simples opiniões ou em fontes de "procedência duvidosa". Devemos levar o Direito a sério!

---

[4] OLIVEIRA, Luciano. Não fale do código de Hamurabi! A pesquisa sociojurídica na pós-graduação em Direito. In: OLIVEIRA, Luciano. **Sua Excelência o Comissário e outros ensaios de Sociologia Jurídica**. Rio de Janeiro: Letra Legal, 2004. p. 137-167.

Sei que o exemplo, muitas vezes, não vem das nossas cortes. Posso citar um ministro do Supremo Tribunal Federal (STF) que acredita ter existido greve no Egito Antigo[5] – qual é a pertinência disso para uma decisão do STF? – e que cita livros de bolso nas suas decisões. Também há um ministro que afirma que o Brasil, "sozinho, tem 98% das reclamações trabalhistas do mundo" – a informação não veio de uma pesquisa ou de um pesquisador, mas de uma conversa com o dono de uma rede de vestuário.[6] Obviamente, o Brasil não tem 98% das ações trabalhistas no mundo (imagine 2% da população mundial com 98% das ações trabalhistas!), mas tudo isso é inacreditável! Se os exemplos que vêm do STF não ajudam, muitas vezes, a literatura jurídica também não.

---

[5] SIQUEIRA, Gustavo S. O STF no Egito: greve e história do direito no Recurso Extraordinário nº 693.456/RJ, **Revista Direito e Práxis,** v. 10, n.2, p. 1016-1045, jun. 2019.

[6] Na sua dissertação de mestrado, João Renda Fernandes demonstra os graves equívocos do ministro do STF e da informação que ele cita: FERNANDES, João Renda Leal. **O "mito EUA"**: um país sem direitos trabalhistas? 2020. 320f. Dissertação (Mestrado) – Curso de Direito, Universidade do Estado do Rio de Janeiro, Rio de Janeiro, 2020. p. 191.

Em uma pesquisa de história constitucional, encontrei erros em 28 livros publicados no Brasil. Todos eles ensinam – erroneamente – que a Constituição de 1937 não existiu ou não foi aplicada. Uma simples pesquisa histórica mostrou o contrário, e o fato de ser uma Constituição outorgada não impediu que praticamente todos os tribunais do país a citassem e nela baseassem suas decisões sobre os mais diversos temas. Repito: 28 livros, de professores das principais faculdades do Brasil, têm erros graves.[7] Erros metodológicos, que poderiam ser corrigidos com noções básicas de pesquisa.

Por isso, acredito que devemos fomentar uma melhor qualificação metodológica e acadêmica para aqueles que frequentam as faculdades de Direito. É necessária uma formação mais crítica, que coloque à prova autores e

---

[7] SIQUEIRA, Gustavo Silveira; AMÂNCIO, Guilherme Cundari de Oliveira; MARQUES, Francisca Maria Medeiros. A "Constituição esquecida": o tratamento história da Constituição de 1937 nos livros de direito constitucional. **Revista Argumentum**, Marília, v. 21, n.2, p. 531-559, ago. 2020.

tribunais e que capacite os estudantes à pesquisa interdisciplinar.

No início dos anos 2000, José Eduardo de Faria[8] escreveu que, na área do Direito, 90% dos projetos com pedido de financiamento enviados ao Conselho Nacional de Desenvolvimento Científico e Tecnológico (CNPq) eram rejeitados por não serem projetos de pesquisa. Considerando que usualmente apenas doutores podiam enviar pedido de financiamento ao CNPq, o cenário era aterrorizante. Atuo como consultor do CNPq, da Coordenação de Aperfeiçoamento de Pessoal de Nível Superior (Capes) e da Fundação de Amparo à Pesquisa do Estado do Rio de Janeiro (Faperj) desde 2013. Pela minha experiência nessas agências nos últimos anos, posso seguramente dizer que o cenário é bem melhor que o apontado por Faria. Por outro lado, como professor de programa de pós-graduação em Direito desde 2012,

---

[8] FARIA, José Eduardo. Prefácio. In GUSTIN, Miracy Barbosa de Souza; DIAS, Maria Teresa Fonseca. **(Re)Pensando a pesquisa jurídica**: teoria e prática. 2. ed. Belo Horizonte: Del Rey, 2006. p. V.

tenho constatado que a maior parte dos projetos apresentados para o ingresso em cursos de doutorado não são projetos. Considerando que, teoricamente, esses candidatos já concluíram um mestrado, foram orientados e já deveriam ter alguma experiência em pesquisa, acredito que o cenário ainda precisa melhorar muito.

    O que pretendo discutir aqui é como fazer pesquisa em Direito. É óbvio que falo a partir das minhas vivências e experiências nas pesquisas, mas, justamente por ter participado de tantos eventos e tido experiências dentro e fora do país, acredito que este manual possa contribuir para um desenvolvimento da pesquisa jurídica no Brasil, que, hoje, considero de péssima qualidade. Enfatizo: embora exista muita pesquisa de qualidade em Direito no Brasil, desconfio, pela quantidade de trabalhos que já li, que a grande maioria das publicações é metodologicamente ruim. Tentarei provar esse argumento ao longo do livro e citarei os erros mais comuns que encontro.

Antes de terminar esta introdução, quero me apresentar. Sou professor de História do Direito e de Metodologia da Pesquisa na UERJ e na UNESA. O que escrevo aqui também é pautado pela experiência que tive em instituições públicas e privadas e pela dificuldade que cada uma delas tem em lidar com o fenômeno da pesquisa em Direito. Leciono nos programas de pós-graduação de ambas as universidades e não exerço outra atividade. Esta última informação é importante: sou um daqueles profissionais que só pesquisa e leciona. Não divido meu tempo de trabalho com advocacia ou outra atividade que não seja diretamente ligada ao mundo acadêmico. Pesquisar e lecionar são minhas atividades principais. E aqui já levanto a primeira questão do livro: tempo. Pesquisar, fazer um trabalho acadêmico exigem tempo. O tempo está intimamente relacionado à qualidade do trabalho. Isso significa que professores em dedicação exclusiva (DE) produzem trabalhos melhores? Não necessariamente! Conheço promotores que têm excelentes trabalhos e já li artigos de professores em DE que nunca fizeram uma pesquisa na vida. A pesquisa demanda tempo, dedicação, análise e pensamento. Por isso, ela requer daqueles que ingressam nela um esforço talvez um pouco maior que o simples aprender.

Assim, a primeira sugestão deste livro para quem deseja fazer um trabalho acadêmico é a administração do tempo. Se você não tem tempo para se dedicar à pesquisa, talvez seja melhor adiar o seu projeto ou adaptar a sua agenda. Qual é a diferença entre aquele promotor e aquele professor citados anteriormente? Por mais que ambos saibam o que é pesquisa, o que diferencia os dois é o tempo dedicado a ela. A pesquisa exige o conhecimento profundo de uma área, exige criatividade e a busca por novos materiais. E, como demonstrarei aqui, pesquisa é muito mais que simples reproduções.

Por outro lado, quero evidenciar que a exigência de tempo não significa que a pesquisa deve ser um privilégio de poucos ou de uma elite. Significa, isto sim, que aqueles que desejam ingressar nesse mundo difícil e complexo devem entender que o processo de pesquisa é um processo lento, que exige tempo e dedicação. Assim, a fórmula horas de pesquisa × tempo para conclusão pode e deve ser mediada de acordo com as necessidades e capacidades dos pesquisadores e pesquisadoras. Cada um deve levar a pesquisa no tempo que tem, mas não se pode imaginar que sem tempo se pode fazer uma pesquisa.

Nesse sentido, também quero dizer que a pesquisa é vida. Pessoas podem viver o seu objeto de pesquisa no dia a dia ou podem transformar o seu objeto de pesquisa no seu dia a dia. Sendo assim, quando a pesquisa se comunica com as atividades cotidianas, quando o pesquisador ou a pesquisadora vive e pulsa o tema, há uma grande chance de essa corrente facilitar e amplificar o trabalho de pesquisa. A pesquisa é viva, se altera a todo momento no tempo e no espaço, assim como os seres humanos. Dessa forma, devemos entender que os objetos de pesquisa não são dados exatos e prontos. É o olhar do pesquisador e da pesquisadora que pode dar sentido e problematizar movimentos e sentimentos comuns do dia a dia. É tal olhar que cria o objeto de pesquisa.[9] Desta forma, não acredito que os objetos existem separados do observador. Eles estão juntos, se comunicam, se transformam e influenciam as pessoas e os objetos ao redor.

O trabalho de pesquisa e a forma como você o desenvolve são o seu cartão de visita no mundo acadêmico e na sociedade que o lerá, se comunicará com você e, muitas vezes, o financiará. Ou seja, um trabalho ruim é um cartão de visitas ruim. Dessa forma, é melhor ter um bom trabalho na mão do que dois em qualquer congresso que você paga e publica. E, considerando que praticamente todos os trabalhos estão on-line, eles fazem parte da sua carreira. Nesse sentido, deixo aqui a segunda sugestão do livro: publique, mas publique bem. Não se preocupe com a quantidade

---

[9] ANDRADE NETO, João. Participante ou observador? Uma escolha entre duas perspectivas metodológicas de estudo e aplicação do direito. **Direito GV**, v.12, n. 3, pp. 869-891, set. 2016.

de textos publicados, mas com a qualidade, com a aderência do veículo de publicação e o tema da sua pesquisa. O tempo em que um bom professor era aquele que publicava dez artigos por ano, na minha opinião, já passou. Escrever dois bons trabalhos por ano é uma meta que considero satisfatória. Publicar por publicar, no fundo, é um crime ambiental, mata árvores, gasta energia, vida e tempo por nada. São milhares de trabalhos que nunca serão lidos e, por mais que ocupem uma linha no seu currículo, serão uma vergonha que ocupa espaço.

Fiz meu doutorado na Faculdade de Direito da Universidade Federal de Minas Gerais (UFMG) e tive, nas pessoas dos meus orientadores, Arthur Diniz e António Manuel Hespanha (coorientador), a inspiração para a vida acadêmica. A primeira virtude de um pesquisador deve ser a humildade. Assumir que não sabe. Assumir que buscará a resposta que ainda não é certa. Albert Einstein já dizia que não são as respostas que movem o mundo, são as perguntas. Em razão disso, de nada serve escrever uma tese para provar que X é igual a Y ou alguma outra fórmula. A pesquisa começa com uma dúvida, com uma pergunta que não se sabe responder. Se você tem certeza de algo, a investigação perde o sentido. Ou você se abre para a possibilidade da dúvida, ou não existe pesquisa. Pesquisar é tentar encontrar algo que você não sabe!

Para mim, tudo começou quando eu também não conhecia nada de metodologia. Fui um estudante de graduação e um mestrando de Direito que cometeu muitos dos erros apontados aqui e que aprendeu com eles – e acho que ainda vou cometer muitos erros. Foi apenas no doutorado que conheci grande parte dos autores e das teorias que utilizo para fazer minha crítica. De certa forma, demorei um pouco para aprender, mas acho que nunca é tarde para isso. O meu caminho não foi fácil, mas foi repleto de descobertas. Por exemplo, quando eu cursava o doutorado em Direito, voltei a frequentar aulas na graduação. Daquela vez, na graduação em História, pois percebi que precisava voltar ao básico para avançar em outra área. Começar de novo é sempre um desafio, e pesquisar é sempre se desafiar a uma nova pergunta, um novo começo.

Pesquisador é aquele que encontra uma boa pergunta, e talvez encontrá-la seja a maior dificuldade dos que ingressam nessa atividade. Num contexto de banalização das *fake news*, de cobranças por opiniões sobre qualquer tema, duvidar, questionar, testar ou colocar à prova tornam-se tarefas revolucionárias, que efetivamente podem mudar o mundo. Sim, eu acredito que a pesquisa pode mudar o mundo.[10] Dessa forma, ela não deve estar encastelada nas universidades ou em institutos de pesquisa, ela deve ir além. Ela deve tocar, sentir, encontrar e viver a sociedade que a rodeia. A pesquisa necessariamente deve levar em conta o mundo e a sociedade. E o que tentarei fazer nas próximas páginas é auxiliar os iniciantes a

---

[10] A pesquisa, quando acompanhada da extensão, tem uma capacidade muito maior de promover mudanças no mundo. Infelizmente, por incapacidade minha, no presente livro, trabalharei muito mais com a primeira do que com a segunda.

construir suas pesquisas e, quem sabe, mudar parte do mundo.

Considerando que eu não me conformo com a desigualdade, as injustiças, a violência e a pobreza que existem no mundo, parto da ideia de que a pesquisa deve, sim, se preocupar com os problemas que vivemos e com a realidade que nos toca, mas falarei mais sobre isso nos próximos capítulos.

Também aviso aos leitores e às leitoras que não serei consistente nas concordâncias. Utilizarei indiscriminadamente o plural, ora no masculino, ora no feminino. Acredito que isso pode deixar o livro mais plural e menos maçante. Também usarei indiscriminadamente os gêneros: o masculino para se referir ao pesquisador, ao estudante, ao professor, ao orientador; o feminino para se referir à pesquisadora, à estudante, à professora, à orientadora. Espero que essas opções possam acolher os diversos tipos de leitores e leitoras que desejo que o livro tenha.

Em tempo, sugiro que as notas de rodapé sejam lidas. Nelas cito obras especializadas s nos temas que escrevi e que podem ajudar a procura pelo aprofundamento nos temas trabalhados aqui.

Ao final do livro, acrescentei dois anexos que servem para auxiliar os leitores. O anexo A é um projeto de pesquisa que tenta demonstrar a aplicação de todos os elementos descritos no livro.

O anexo B é uma carta aos discentes do Programa de Pós-graduação em Direito da UERJ. A carta foi escrita e entregue para a turma de metodologia da pesquisa em 2017. Nela, escrevi algumas mensagens que eu gostaria de ter ouvido quando estudante.

1. O OBJETO DE PESQUISA E A PESQUISA PRELIMINAR

> Não me peça que eu lhe faça uma canção como se deve
> Correta, branca, suave, muito limpa, muito leve
> Sons, palavras, são navalhas
> E eu não posso cantar como convém
> Sem querer ferir ninguém.
>
> Belchior, "Apenas um rapaz latino-americano"

Escolher o objeto de pesquisa é a tarefa mais difícil do pesquisador – na minha opinião, até mais do que escrever o trabalho final. Isso porque o trabalho final (monografia, dissertação ou tese) é um relatório da pesquisa feita. Desse modo, se, no início da pesquisa, o objeto está bem delimitado, o decorrer é muito mais tranquilo. Mas, de certa forma, existe uma pesquisa preliminar antes da pesquisa. Explico: antes de decidirmos o objeto, é fundamental investigá-lo preliminarmente. É aqui que vêm, por exemplo, a revisão bibliográfica, os fichamentos, as primeiras pesquisas de artigo, de jurisprudências etc.

Antes de decidir o que quero pesquisar, preciso ler o que outros autores já escreveram sobre o tema. Essa é a revisão bibliográfica, também chamada revisão de literatura ou estado da arte. É nesse momento que saberei como meu tema já foi trabalhado por outros autores e se existem aspectos que ainda não foram explorados.

É também na pesquisa preliminar que devo conhecer melhor o objeto e dimensioná-lo. Exemplifico: tive um estudante que queria analisar os argumentos que determinado tribunal utilizava nos processos de habeas corpus em matéria criminal. A primeira pergunta que fiz a ele foi: "Quantos processos estão dentro do seu objeto?" Ora, se ele vai analisar 5 ou 5 mil processos, precisa saber antes de iniciar o projeto de pesquisa. O tamanho do objeto influencia todo o projeto e toda a pesquisa. Dessa forma, a pesquisa preliminar é tão importante quanto a pesquisa que será desenvolvida.

É nesse sentido que entram as variáveis. Alterar o intervalo de tempo em análise, as câmaras ou turmas criminais, o tipo penal, os dados pessoais dos acusados ou qualquer outra variável pode alterar toda a pesquisa. Sendo assim, um projeto de pesquisa só terá variáveis[11] se a pesquisa preliminar já tiver sido feita. Em algumas universidades do Brasil, discentes podem ingressar em programas de pós-graduação sem projeto de pesquisa. Por si só, isso não é um problema, mas dificultará a delimitação dos objetos pelos discentes, pois eles precisarão procurar e delimitar um tema durante o mestrado, em vez de já ingressar no curso com as delimitações mais definidas. De uma forma ou de outra, sem pesquisa preliminar, não é possível fazer um projeto de pesquisa. E, apenas para efeitos didáticos, aqui vou considerar a seguinte ordem: 1) pesquisa preliminar e elaboração do projeto; 2) execução do projeto com eventuais revisões do objeto e da pesquisa; e 3) elaboração do relatório final. Nesse sentido, as

---

[11] Falarei mais sobre variáveis no capítulo 6.

duas principais atividades da pesquisa preliminar são: fazer uma boa revisão bibliográfica sobre o tema e conhecer o tamanho e os detalhes do objeto que será pesquisado.

Agora, volto à pergunta principal do capítulo: como escolher o tema de pesquisa? A primeira sugestão não é lógica, mas a faço mesmo assim: pesquise o que você gosta. Dentre as milhares de atividades que existem no planeta, se você escolheu pesquisar, escolha um tema de que você goste, pois você passará meses, anos e talvez décadas pesquisando esse tema. Obviamente, a escolha também precisa ser estratégica. Se você busca uma vaga em um mestrado, doutorado ou pós-doutorado, é fundamental que a sua pesquisa esteja ligada aos projetos da universidade ou dos docentes. É pouco provável que um professor de Filosofia do Direito queira orientar uma estudante com um projeto sobre agravo de instrumento nos processos de falência da cidade de São Paulo entre 2011 e 2013 – inventei o tema apenas para exemplificar. E, mesmo que ele aceite, você precisa pensar se ele tem condições de te instruir. Será que ele tem conhecimento do tema para te orientar bem? Veja que aqui entramos em um assunto muito importante: o orientador. Para escolher o seu, você deve se perguntar: ele entende do meu tema? Ele tem tempo, vontade e/ou interesse em ser meu orientador?

Em alguns programas de pós-graduação, os discentes escolhem a linha de pesquisa, e não a orientadora. Nesses casos, acredito que a lógica seja a mesma. Devo analisar se aquelas docentes têm conhecimento e produção no tema que eu pretendo pesquisar. Naquele grupo de docentes, será que alguma se encaixa no perfil de orientação que a minha pesquisa exige? Eventualmente, a coorientação é uma solução muito interessante: o discente pode contar com duas docentes para auxiliar no andamento da sua pesquisa. Em pesquisas interdisciplinares, por exemplo, a escolha de uma orientadora de uma área e uma coorientadora de outra pode facilitar e enriquecer o processo.

A vontade e o interesse de orientar de uma professora podem transformar uma professora de Filosofia do Direito em uma estudiosa em processo civil. É raro que isso aconteça, mas é possível. Portanto, você precisa pensar bem e muito antes de escolher sua orientadora ou sua orientanda.

Sugiro que você procure docentes que já escreveram sobre o tema, que conhecem, que são especialistas e que podem auxiliar você na pesquisa. O orientador não é um pai – apesar de, na Alemanha, utilizarem o termo *"doktorvater"* para orientador –, mas sim um conselheiro. Uma pessoa com mais experiência na vida acadêmica ou no tema específico e que deve guiar você na pesquisa. Ele não escreverá por você, mas o aconselhará, o ajudará. Ele pode ser mais velho ou mais jovem que você, mas será apenas uma pessoa que passou por aquela experiência de vida antes de você. Logo, ele pode ser um também um guia, pois já trilhou o mesmo caminho que você iniciará.

Veja que a escolha do tema vai se tornando complexa: é necessário encontrar um tema de que você goste, que você consiga pesquisar preliminarmente e que possa se encaixar na linha de uma universidade. Além disso, é preciso delimitar o tema de pesquisa. Explico: a vida é curta, e temos pouco tempo para fazer muita coisa. Comer, dormir, estudar, namorar, trabalhar, cuidar da família, interagir com os amigos... Como fazer pesquisa custa tempo – nosso bem mais valioso –, precisamos saber quanto tempo temos para pesquisa e que tipo de pesquisa podemos fazer com o tempo que temos. A mudança de uma variável pode encurtar muito a investigação e possibilitar que eu me concentre mais profundamente no tempo. Ou seja, uma pesquisa precisa ser profunda, densa, e não extensa, e o mesmo vale para o objeto. Por exemplo, talvez seja melhor analisar as decisões do STF em determinado ano sobre determinado tema do que analisar todas as decisões do STF de 1988 até 2021 – o que, em alguns temas, pode ser impossível devido à quantidade de processos.

Sendo assim, o cálculo do tempo e a delimitação do problema devem andar juntos, embora a delimitação envolva mais que só o tempo. Fatores como dinheiro, recursos e conhecimento de línguas são exemplos do que deve ser levado em consideração quando da definição dos contornos da investigação.

Determinados estudos, como a pesquisa de opinião ou de intenções de votos, movimentam milhares de pesquisadores no Brasil. Problemas de pesquisa muito grandes ou que querem abranger o Brasil (ou o mundo!) só podem ser feitos – de forma séria – com muito tempo e dinheiro. Se um estudante de graduação, mestrado ou doutorado em Direito pretende fazer uma pesquisa ambiciosa, antes é preciso verificar a sua viabilidade. Isso porque entrevistar pessoas, visitar arquivos, viajar, contratar um estatístico (ou aprender estatística) ou outros profissionais para auxiliar custa dinheiro e tempo e exige muito daquelas que querem entrar nessas searas. Desse modo, cabe ao pesquisador calcular o seu problema de pesquisa levando em consideração algumas variáveis, como tempo, recursos, acesso a informações, textos, livros, fontes...

Tudo isso está intimamente relacionado à qualidade. Quanto maior é o acesso direto a informações e a fontes primárias, melhor é a pesquisa. Um pesquisador que pretende analisar as decisões da Suprema Corte alemã, mas que não fala alemão, dificilmente conseguirá fazer seu trabalho com qualidade. Até porque seu trabalho deverá dialogar com pesquisadoras alemãs que, possivelmente, passaram a vida inteira estudando o tema. Ou seja, antes de escolhermos determinado tema como objeto de pesquisa, antes temos que conhecê-lo muito bem, assim como os autores, os trabalhos prévios, pois, caso contrário, estaremos escrevendo para ninguém ou quase ninguém.

Isso vale para outros casos. Um brasileiro que pretenda investigar Kant ou qualquer outro filósofo tem que estar preparado para discutir com especialistas do mundo todo, que, possivelmente, estão estudando o autor desde a graduação. Isso quer dizer que a pesquisa feita no Brasil é pior? Sim e não. Explico: quando entramos nas tradições estrangeiras, precisamos saber onde estamos entrando, conhecer bem o campo, o estado da arte, o que é muito mais difícil, por exemplo, do que estudar um tema que faz parte da realidade do nosso país. Um estudante passa 5 anos estudando o Direito brasileiro. Agora imagine um estrangeiro que passa 5 semanas no Brasil e quer descrever o nosso sistema jurídico. Possivelmente, ele terá uma visão parcial. O mesmo vale para nós. A pesquisa exige imersão no objeto, aprofundamento. Desse modo, quando usamos Direito Comparado ou entramos em outra área, como a Filosofia do Direito, devemos ter consciência de que o nível do trabalho deve ser alto nos dois países e nas duas áreas. É por isso que a opção interdisciplinar e as pesquisas comparadas exigem mais esforço e dedicação dos pesquisadores.

Uma vez, participei de uma banca de doutorado em que o discente fazia uma pesquisa comparada entre o Brasil e um país da América do

Sul. Ele contou que viajou para o referido país, passou uma semana lá e comprou todos os livros sobre o tema que encontrou nas livrarias. Pois bem, ele não consultou professores do país, artigos, teses de doutorado e, mesmo assim, escreveu a sua "tese". Perceba que o discente não fez uma pesquisa, e sim uma visita a livrarias, comprando o que estava à disposição. Isso não é pesquisa, é passeio. Ele não tinha noção de que as obras que comprou eram importantes para o país, não conhecia "os clássicos" e os embates teóricos daquele território. Ah! Esqueci de dizer que o tema era história constitucional. Ou seja, o discente "fez" uma história constitucional de um país com duzentos anos de constitucionalismo que visitou por uma semana. Até hoje carecemos de bons livros sobre a história constitucional brasileira, imagine fazer uma história constitucional de outro país em uma semana. Impossível!

Não sou contra o turismo, mas sou contra o turismo acadêmico. Se for para fazer pesquisa, devemos levar isso a sério. O mesmo também vale para os congressos caça-níqueis, no qual os "pesquisadores" apresentam, em cinco minutos, o "trabalho" feito em uma madrugada, em uma sala com outras trinta pessoas que, imediatamente após a apresentação, vão à praia ou passear. Sem debate, sem perguntas, sem crítica, de nada servem os congressos. Se for para apresentar o trabalho e sair correndo após assinar a lista de presença, é melhor não ir. Seja honesto consigo mesmo e vá viver a vida. Vá direto para a praia ou para um lugar que te faça feliz.

Certa vez, uma aluna me perguntou quanto tempo eu demorei para publicar determinado artigo. Contei a verdade: cinco anos. Sim, cinco anos. Não que eu seja um professor lento – talvez um pouco –, mas aquele artigo, para ser bem feito, demandou tantas visitas a arquivos e bibliotecas e foi tantas vezes debatido pela equipe, que levou todo esse tempo para ser elaborado. Obviamente, foi um tema muito complexo e que exigiu ampla pesquisa de fontes primárias, mas uso esse exemplo para dizer que não é possível – salvo após uma larga bagagem de pesquisa – escrever um bom artigo de pesquisa em uma madrugada. Um advogado pode escrever um parecer, um juiz pode escrever uma sentença, um professor pode escrever um ensaio, mas um artigo de pesquisa é impossível. A elaboração de um artigo de pesquisa exige, no mínimo, pesquisa prévia e consulta a diversos materiais, fontes e dados. São tantos os passos que se exigem para uma boa pesquisa – traçaremos alguns neste livro – que escrever um artigo em uma noite – salvo raras exceções – é como assumir um estelionato. Não tem como dar certo. Não que um artigo de pesquisa seja muito mais complexo que um trabalho técnico, mas ele exige passos mais lentos, que necessariamente precisam ser testados.

Um químico jamais descreveria a reação entre duas substâncias sem fazer o teste. Da mesma forma, não pode um pesquisador do Direito fazer qualquer assertiva sem mostrar dados. Já citei anteriormente casos nos quais ministros do STF se transformaram em motivo de piada pela imprecisão das suas afirmações. Mas isso não é mérito deles, é também reflexo de uma formação jurídica que, muitas vezes, não prepara o discente para a pesquisa.

Mas voltemos aqui à questão principal do capítulo: como escolher o seu problema de pesquisa? Como escolher a pergunta que sua pesquisa buscará responder?

Me perdoem se eu for muito repetitivo aqui, mas agora farei um simples roteiro, que talvez possa ajudar aqueles que iniciam.

Primeiro passo: escolha um tema de que você goste. Estude-o, leia artigos, livros, teses e dissertações. Se você não conhece nada sobre um tema e quer começar (e tem tempo), tudo bem, é possível. Leia um manual. Sim, o manual é o primeiro passo. Veja as referências, as teses sobre o tema que o autor cita, os artigos, os livros e os materiais especializados. Aqui há uma questão importante: o manual – aquele livro que usualmente lemos no primeiro ano de curso – é, muitas vezes, o primeiro passo na pesquisa. Primeiro! Logo, se você ainda usa manuais no seu trabalho final, é muito provável que você não tenha avançado muito. Se você ficou no primeiro passo, pode ter acontecido um problema.

Continuando, conheça o estado da arte do tema. O que já se escreveu sobre ele, os principais autores, as principais críticas, as divergências. Após essa leitura preliminar, você pode começar a pensar no problema, ou seja, pode começar a pensar em uma pergunta a que o seu trabalho quer responder. É uma pergunta inovadora? Você dá uma abordagem inovadora à pergunta? Ela não é demasiadamente simples? Você tem instrumentos para respondê-la? Aqui temos um ponto fundamental: a pesquisa é baseada em uma pergunta, e não em uma certeza, nem em determinada teoria. As teorias precisam ser colocadas à prova. Você não está fazendo uma petição, não está defendendo um cliente, não está fazendo um parecer. Você deve encontrar uma dúvida. Se você já tem certeza do resultado, não há pesquisa, há um parecer ou qualquer outra coisa. A pesquisa exige a dúvida, exige os dois lados da questão, exige expor a contradição e trazer aqueles que pensam de forma contrária para o debate.

Se, em uma petição, você "esconde" os autores e fatos que divergem da sua "tese", pois eles não vão ajudar o seu cliente, você faz justamente o contrário em uma pesquisa. É preciso mostrar os dois argumentos – as divergências sobre o tema e o seu posicionamento diante deles.

O segundo passo é se perguntar como você responderá à pergunta. E ainda estamos falando de uma pesquisa que não começou. Estamos pensando em como elaborar o projeto, estamos na pesquisa preliminar. O acesso a documentos, sentenças, dados, inquéritos... tudo o que você pretende usar na pesquisa precisar ser analisado antes do início do projeto. Obviamente que não é necessário conhecer todo o material, pois grande parte do conhecimento será adquirido durante a pesquisa, mas é fundamental ter uma noção geral de onde se está entrando. É necessária uma análise inicial da quantidade de material, dos dados preliminares e do acesso ao que se deseja pesquisar.

É claro que questões individuais, acessos pessoais e institucionais importam muito. A sua experiência em determinado campo pode ajudar muito o seu acesso a informações. Exemplifico: um defensor público do estado do Rio de Janeiro teria muito mais facilidade, acesso e conhecimento para fazer uma pesquisa sobre os processos de júri na cidade do Rio de Janeiro do que para fazer uma pesquisa sobre a democracia na Grécia Antiga. Pesquisar, de forma séria, a democracia na Grécia Antiga envolveria ferramentas, esforços, fontes, conhecimentos que talvez estivessem bem mais distantes, em diversos sentidos. E exigiria muito mais tempo.

Desse modo, pesquisar a sua realidade, o que você vivencia, utilizar sua experiência como sujeito facilita a escolha do objeto de pesquisa. Quando você vivencia o problema, quando ele toca sua realidade, talvez seja o momento de tornar aquela indagação um processo de pesquisa. A ideia não é dizer que o senso comum não tem sentido, mas apresentar-se como um crítico dele. É partir do senso comum para o processo de pesquisa, é questionar certezas e procurar por elementos escondidos.

Escrever sobre aquilo que toca você enquanto sujeito de direito, enquanto cidadão que tem direitos violados, é uma das formas de despertar maior interesse pela pesquisa e pelo pedaço do mundo que será investigado por ela.

Por outro lado, a escolha do problema de pesquisa é um misto de questões pessoais, institucionais e de acesso a fontes. A conversa com especialistas no tema, com orientadores, com professores, com profissionais pode auxiliar muito aqueles que estão construindo o objeto de pesquisa.

Veja que estamos falando de todo um trabalho prévio apenas para construir a pergunta. Por outro lado, construí-la é talvez a atividade mais importante de todo o processo de pesquisa. Uma pergunta malfeita ou muito simples, ou muito complexa, pode inviabilizar toda a investigação. Por isso, é fundamental um profundo trabalho preliminar.

Aproveito para deixar claro aqui, e talvez alguns de vocês pensem isto, que pesquisar não é fácil. Produzir conhecimento novo também não é. Exige grande preparação, esforço e dedicação, custa tempo e vida, como foi escrito aqui, mas também é uma das atividades mais bonitas do mundo.

Terminado o capítulo, tomo a liberdade de colocar alguns exemplos de pesquisas que fiz e que já li. Espero que eles possam ajudar e, quem sabe, ser motivo de críticas pelos leitores.

Exemplo 1

Breve justificativa: A Lei Maria da Penha foi criada para tutelar os direitos das mulheres em situação de violência, e, para sua aplicação, é necessário que estejam presentes alguns requisitos de gênero. As pesquisadoras queriam entender como o Tribunal de Justiça do Rio Grande do Sul (TJRS) estava decidindo tais questões.

Pergunta: Quais são as percepções sobre o gênero nos acórdãos do TJRS entre 2006 e 2016, quando se envolviam questões pertinentes à Lei Maria da Penha?

Fontes de pesquisa: 161 decisões do TJRS publicadas entre 2006 e 2016.

Como foi feita a pesquisa? As pesquisadoras analisaram os conceitos de gênero e/ou sua ausência para aplicação da lei nas decisões do referido tribunal.

Conclusões: As pesquisadoras concluíram que o que o TJRS entende como gênero "está distante das compreensões teóricas analisadas e oriundas das Ciências Humanas e Sociais". O efeito prático é que algumas mulheres foram excluídas da tutela da lei, pela inclusão de critérios como hipossuficiência e vulnerabilidade, não previstos legalmente, mas exigidos pelo TJRS para aplicação da lei. Ou seja, as pesquisadoras, em artigo publicado pela *Revista de Estudos Empíricos Em Direito*[12], demonstram

---

[12] SILVA, Vanessa Ramos da; CARLOS, Paula Pinhal de. Violência de gênero e Tribunal de Justiça do Rio Grande do Sul: usos e percepções sobre gênero segundo o discurso dos desembargadores e das desembargadoras e reflexos na aplicação da Lei Maria da Penha. **Revista de Estudos Empíricos em Direito**, São Paulo, v. 5, n. 1, p. 49-66, abr.

que o TJRS estava aplicando "erroneamente" a Lei Maria da Penha.

Exemplo 2

Breve justificativa: As escolas da magistratura ocupam um lugar importante na formação de magistrados. O pesquisador tentou compreender a dinâmica da escola através da observação.

Pergunta: Como são as experiências das aulas do curso preparatório da Escola da Magistratura do Rio de Janeiro (EMERJ)?

Fontes de pesquisa: Observação das aulas, pesquisa documental.

Como foi feita a pesquisa? O pesquisador observou 40 horas-aula da EMERJ, consultou documentos e a história da escola. Munido de larga bagagem teórica, Fernando Fontainha tentou descrever a dinâmica e o funcionamento daquela instituição.

Conclusões: As conclusões, publicadas em um artigo[13], descrevem o "aparato de controle ao qual

---

2018.

estão submetidos os alunos da EMERJ", a hierarquia na escola judicial, o ensino jurídico como não pertencente ao mundo acadêmico e sua redução à prática de tribunais e escritórios de advocacia.

Exemplo 3

Breve justificativa: Grande parte dos livros de direito civil diz que, no Brasil, as Ordenações Filipinas (1603) eram utilizadas como "direito civil" antes do Código Civil de 1916.

Pergunta: O que os juízes (e advogados quando das suas petições) da 3ª Vara Cível da Cidade do Rio de Janeiro utilizavam como subsídios para suas decisões entre 1850 e 1915?

Fontes de pesquisa: Escolhi a 3ª Vara Cível porque foi a vara a que tive acesso no Arquivo Nacional.

---

[13] FONTAINHA, Fernando. Um pesquisador na Emerj: negociações de uma postura de pesquisa em um mundo institucionalizado. **Revista de Estudos Empíricos em Direito**, São Paulo, v. 2, n. 1, p. 93-111, jan. 2015.

Como foi feita a pesquisa? Consultei todos os processos da vara cível no período, para ver como os juízes e advogados pautavam suas decisões.

Conclusões: As conclusões foram publicas em um artigo[14] e demonstraram que os juízes não utilizavam as Ordenações Filipinas como base das suas decisões. O costume e a consciência jurídica, naquele período, funcionavam muito mais como direito civil que as Ordenações que, naquela época, tinham quase 300 anos. Ou seja, pude provar que a máxima dos livros de direito civil está errada, pelo menos no que tange à 3ª Vara Cível da Cidade do Rio de Janeiro – que era, naquela época, capital federal. Obviamente que a pesquisa que fiz não me permite falar de todo o Brasil, como muitos dos autores fazem, mas ela ajuda a criticar um senso comum e a repensar uma máxima do direito civil brasileiro.

---

[14] SIQUEIRA, Gustavo Silveira. O direito civil antes do Código de 1916: a ausência das Ordenações Filipinas e as expectativas na imprensa e na doutrina nacional. **Revista do Instituto Histórico Geográfico Brasileiro**, Rio de Janeiro, ano 178, n. 473, p. 545-562, nov. 2017c.

Tentei utilizar como exemplo três tipos diferentes de pesquisa. A primeira faz uma análise das decisões atuais de um tribunal; a segunda, uma observação em uma instituição; e a terceira, uma pesquisa histórica. Com o devido pedido de desculpa pela simplificação das pesquisas em poucas linhas, quero demonstrar como todas elas podem contribuir para a percepção de problemas na sociedade brasileira. As pesquisas tentam auxiliar uma percepção mais fidedigna dos problemas que o direito enfrenta no Brasil. Além disso, são inéditas, como toda pesquisa deve ser, e apresentam as descobertas e as surpresas dos pesquisadores quando analisaram os objetos.

Gostaria de frisar, ao final, que a criatividade é fundamental para encontrar novos problemas de pesquisa. Cabe a toda pesquisadora exercitar essa atividade, muitas vezes tolhida em alguns lugares. Por outro lado, os sensos comuns que podemos ver nos manuais de direito podem servir como faíscas iniciais para as pesquisas e críticas dos trabalhos atuais de direito.

Peço desculpas aos leitores porque a palavra "direito" não está sendo usada de forma muito técnica neste livro. Talvez vocês já tenham percebido que ora uso direito como um conjunto de leis e sistemas, ora uso para falar do ensino, do conjunto de autores... Como não pretendo fazer um trabalho teórico aqui e como pretendo construir um simples manual, deixo as discussões sobre tais diferenças para livros mais complexos.

1.1 O que faz com que um texto se torne uma pesquisa?

Bem, a pergunta é difícil e complexa, e tentarei responder simplificadamente. O primeiro passo deve ser a repetição. Explico: teoricamente, toda pesquisa poderia ser refeita por outra pessoa, até mesmo como forma de comprovar o que foi feito. Sendo assim, o primeiro passo de qualquer pesquisa é o uso de fontes e da descrição das fontes. Ou seja, os documentos analisados, as provas utilizadas para a argumentação. Nesse momento, a pesquisa em Direito se aproxima de um processo em um tribunal. A alegação deve ser feita com base nas provas colhidas. Mas, diferentemente do que se faz em um tribunal, deve-se analisar todas as provas, todos os pontos de vistas, as visões contrárias e os posicionamentos opostos. Além das fontes, é necessário descrever como o trabalho foi feito, como as fontes foram escolhidas e analisadas, qual foi a metodologia e quais foram as discussões teóricas empregadas.

A partir desses dois passos, você pode demonstrar as conclusões. É óbvio que as formas de descrever e analisar o objeto já revelam muito do pesquisador – nenhum trabalho humano é neutro –, mas é fundamental deixar claro como o trabalho foi feito.[15] É por isso que tenho dificuldade em reconhecer como pesquisas trabalhos exclusivamente baseados em opiniões.

---

[15] Vide JAPIASSU, Hilton. **O mito da neutralidade científica**. Rio de Janeiro: Imago, 1975.

Eles não conseguem ser reproduzidos ou verificados. Eles são a visão de mundo daquele que escreve – o que é muito importante, tem sua validade nas discussões, mas precisa ser diferenciado de uma pesquisa. Não quero dizer que os ensaios – ou trabalhos de opinião – não têm importância. Este livro é baseado em experiências pessoas. O que eu estou dizendo é que precisamos fomentar no país a pesquisa jurídica acadêmica, a pesquisa baseada em análise de dados e documentos, a pesquisa empírica.

Mas só isso não basta para dizer do que se constitui uma pesquisa. São as fontes utilizadas e a complexidade da análise que a diferenciam de uma simples conversa de bar. Espera-se que uma pesquisa – na verdade, o texto é o relatório final desta – traga um problema complexo, faça uma análise densa, problematize o que está sendo pesquisado e apresente conclusões que tenham relação com aquilo que foi pesquisado.

O uso de referências mais complexas e aprofundadas e de especialistas definirá a qualidade do trabalho. Da mesma forma, é fundamental a qualidade das fontes primárias utilizadas e da análise feita. Portanto, vou frisar: a diferença entre uma monografia de graduação e uma tese de doutorado está nas fontes, na complexidade das referências e do problema.

A inovação, como gosto de repetir, deve estar em todas as pesquisas! Pesquisar é inovar! Não tem sentido repetir o que já foi escrito. As ferramentas tecnológicas fazem isso com mais precisão e eficiência que os seres humanos. Nós devemos usar nossa capacidade inata de pensar e de criar o novo. Acredito que devemos cultivar, nos nossos discentes e docentes, a inovação como uma obrigação e uma necessidade dos pesquisadores no Brasil. Sem inovar, não há razão no trabalho humano, que tem como característica principal o pensar e o criar.

1.2 A importância da história dos conceitos no Direito

Pessoalmente, acredito que a história dos conceitos deva ser ministrada para todos os estudantes de Direito no primeiro dia de aula. Infelizmente, são poucos os profissionais e pesquisadores da área que parecem conhecer a história dos conceitos. Também quero evidenciar que o objetivo aqui não é fazer uma análise profunda e detalhada da teoria, mas apenas apresentar passos básicos para os estudantes que iniciam na pesquisa.

Professor alemão, Reinhart Koselleck (1923-2006) lecionou nas Universidades de Heidelberg e Bielefeld e é considerado um dos principais autores da história dos conceitos (*conceptual history* em inglês ou *Begriffsgeschichte* em alemão). Simplificadamente, Koselleck afirma que as palavras podem trazer conceitos em si e que esses podem se alterar no tempo e no espaço. Sendo assim, o uso de uma mesma palavra, em diferentes tempos e momentos, pode significar coisas totalmente distintas. António

Manuel Hespanha, compartilhando das mesmas ideias, afirmou:

> Realmente, conceitos como pessoa, liberdade, democracia, família, obrigação, contrato, propriedade, roubo, homicídio, são conhecidos como construções jurídicas desde os inicios da história do direito europeu. Contudo, se avançarmos um pouco na sua intepretação, logo veremos que, por baixo da superfície da sua continuidade terminológica, existem rupturas decisivas no seu significado semântico. O significado da mesma palavras, nas suas diferentes ocorrências históricas, está intimamente ligado aos diversos contextos, sociais ou textuais, de cada ocorrência[16].

Não sabemos, de fato, se uma palavra utilizada em outros momentos históricos tem o mesmo significado que tem hoje, pois os conceitos que as palavras podem carregar são impermanentes. Logo, Koselleck afirma que o

---

[16] HESPANHA, António Manuel. **Cultura jurídica europeia**: síntese de um milênio. Lisboa: Almedina, 2012, p. 18.

conceito não é apenas linguístico[17] e que também pode ser jurídico, político, econômico, entre outros. Dessa forma, cabe à pesquisadora desvendar o significado dos conceitos existentes nas palavras, antes de discutir aquilo que vem de outro país ou de outro tempo histórico. É necessário saber o que aquela palavra significava antes de problematizá-la. A história dos conceitos é um passo preliminar para aquela que quer pesquisar textos de outros países ou de outros tempos históricos.

A história dos conceitos começou "como crítica à tradução descontextualizada de expressões cronologicamente relacionadas ao campo semântico constitucional", ou seja, começou como uma crítica às traduções jurídicas e da "história das ideias[18]". Dessa forma, a história dos conceitos, apesar de ser uma metodologia da História,

---

[17] KOSELLECK, Reinhart. Uma história dos conceitos: problemas teóricos e práticos. **Estudos Históricos**, Rio de Janeiro, v. 5, n. 10, p. 134-146, jun. 1992, p. 136.
[18] KOSELLECK, Reinhart. **Futuro passado**: contribuição à semântica dos tempos históricos. Tradução de Wilma Patrícia Maas e Carlos Almeida Pereira. Rio de Janeiro: PUC-Rio, 2006. p. 103.

começou analisando textos e autores de História do Direito.

Assim, é preciso ter consciência de que o uso de palavras existentes em outros momentos pode significar uma confusão total. Hespanha dá exemplos de "falsas continuidades", de palavras que possuem conceitos que sofrem profundas alterações na história e não são problematizadas nas pesquisas em Direito: família, obrigação, liberdade, república, Estado. A interpretação do significado do uso dessas palavras em textos não contemporâneos e textos de outros países exige uma mediação cautelosa[19].

Dessa maneira, a história dos conceitos, considerada como um "método especializado da crítica das fontes[20]", nos chama a atenção para o cuidado que devemos ter quando analisamos

---

[19] HESPANHA, António Manuel. **Cultura jurídica europeia**: síntese de um milênio. Lisboa: Almedina, 2012, pp. 17-18.
[20] KOSELLECK, Reinhart. **Futuro passado**: contribuição à semântica dos tempos históricos. Tradução de Wilma Patrícia Maas e Carlos Almeida Pereira. Rio de Janeiro: PUC-Rio, 2006. p. 104.

conceitos de outros tempos e de outros países. Dentro das palavras existem significados de conteúdo social e político que se alteram com o tempo e com o espaço.

Percebendo a história dos conceitos que a "semântica política dos conceitos envolvidos no processo fornece uma chave de compreensão sem a qual os fenômenos do passado não poderiam ser entendidos hoje[21]", é necessário que os pesquisadores em Direito tenham fundamental noção dos erros e das possibilidades que podem estar nas palavras.

Diante da dificuldade de usar as palavras que vêm de outros contextos históricos e outros países, aqueles que desejam mergulhar nos conceitos devem buscar meios para a pesquisa. O uso de dicionários da época, livros e jornais ajuda a compreensão do que significava certo conceito em determinada época. Essa ferramenta auxilia o pesquisador, por exemplo, a entender como "democracia", em dado momento histórico,

---
[21] Ibidem, p. 103.

significava uma coisa completamente diferente do que significa hoje.

Cabe aos pesquisadores do Direito a atenção aos conceitos, pois, sem eles, não é possível compreender a sociedade e o direito que existe dentro dela:

> Sem conceitos comuns não pode haver uma sociedade, e, sobretudo não pode haver unidade de ação política. Por outro lado, os conceitos fundamentam-se em sistemas político-sociais que são, de longe, mais complexos do que faz supor sua compreensão como comunidades linguísticas organizadas sob determinados conceitos-chave[22].

O maior erro que pode cometer um historiador é o anacronismo. É olhar para o passado (ou querer julgar o passado) com os olhos de hoje. O anacronismo é um erro comum em grande parte dos trabalhos jurídicos, seja pela falta de metodologias de história, seja pela falta de uma

---

[22] Ibidem, p. 98.

compreensão teórica sobre a história. O uso da história dos conceitos nos trabalhos jurídicos ajuda a evitar esse erro grave e básico que comumente os trabalhos jurídicos cometem.

Os pesquisadores do Direito usualmente se utilizam de diversos livros escritos em tempos passados. Eles são fundamentais para discutirmos as bases da sociedade atual. Mas essa discussão tem que ser técnica, aprofundada, crítica e reflexiva. Por isso, quando analisamos textos de outras gerações, precisamos nos munir de metodologias e teorias que nos permitam compreender o passado com as lógicas que existiam naquele tempo e entender o que aquelas palavras, que muitas vezes ainda existem, significavam naquele contexto.

2. A PESQUISA JURÍDICA E AS OUTRAS ÁREAS: HISTÓRIA, SOCIOLOGIA, FILOSOFIA, ECONOMIA...

> Eu tento transmitir-vos ideias extravagante e saberes estranhos... não tanto nos nomes das cadeiras, mas no conteúdo das cadeiras. Porque estou convencido, pela minha própria experiência, de mais novo e de mais velho, que não há nada de mais excitante, mais radical, como agora diriam, do que ser posto perante coisas novas, inabituais, que nos despertam da modorra do senso comum, que abalem o que é convencional, convidem a dúvida e a crítica daquilo que está estabelecido.
>
> António Manuel Hespanha, "Boas-vindas aos discentes da Universidade Nova de Lisboa"

Os problemas da sociedade são cada vez mais complexos. Não preciso teorizar sobre isso. Sabemos que os bons projetos de pesquisa devem ser interdisciplinares e, provavelmente, todos já ouvimos algo sobre a necessidade de um olhar interdisciplinar sobre a sociedade, porque os problemas exigem esse tipo de olhar. Pois bem. Os discentes de Direito passam cinco anos na faculdade. Eles têm uma noção básica – muitas vezes, sem qualidade – de história, sociologia, economia, filosofia... Friso, eles têm uma noção básica! Eles estão habilitados para uma pesquisa interdisciplinar por isso? Obviamente que não. É por isso que muitas pesquisas "feitas por juristas" são motivos de chacota nas outras áreas, em especial na história e na filosofia. Por quê? Porque os nossos estudantes não aprendem isso. Eles não são habilitados, não aprenderam a fazer pesquisa em outras áreas. O que isso significa? Significa que um estudante em Direito, muito provavelmente, não tem noção de como fazer uma pesquisa histórica. Ele não tem as ferramentas básicas que um estudante de História tem para fazer o mesmo. Não podemos acreditar que os cinco anos de uma faculdade de Direito possam habilitar o bacharel à pesquisa sobre tudo. Mas isso também significa que muitos dos estudantes de Direito não aprenderam nem sequer o que é fazer uma pesquisa. Se tivessem aprendido, não se aventurariam tão facilmente em outras áreas.

Sendo assim, minha sugestão irônica começa aqui: não faça uma pesquisa interdisciplinar. Faça uma pesquisa mais simples, jurídica, com pouca ou nenhuma necessidade de outra disciplina. Dita a ironia, eu explico: estude coisas para as quais a faculdade de Direito o habilitou, como sentenças, argumentos de sentenças, contradições em decisões. Por outro lado, digo aos estudantes que possuem tempo para se dedicar, que querem fazer uma pesquisa que realmente agregue para a sociedade brasileira: se esforce e estude também a outra área. Frequente aulas na graduação em outros cursos, leia os clássicos, entenda os debates atuais, pesquise profundamente. Quando eu decidi fazer o meu doutorado em História do Direito, passei a frequentar a graduação em História para ter noções básicas de História, em que a Faculdade de Direito nem de perto me auxiliava. Mergulhando em outra área – e isso custará tempo e outros instrumentos –, você pode fazer uma pesquisa que contribuirá para ambos os campos.

É claro que as premissas anteriores não são absolutas. Existem professores (poucos, infelizmente) de Direito com formação interdisciplinar, que podem capacitar os discentes, já nos primeiros anos, para uma pesquisa dessa natureza. Mas, como acho que a premissa de estudar mais – e fugir das faculdades de Direito – pode ser um alívio em alguns momentos para as estudantes, sempre recomendo ao discente uma visita aos outros cursos. Fez muita diferença na minha vida e pode fazer na vida de vocês.

Portanto, o recado é: ou você se dedica e mergulha em outra área ou você faz uma pesquisa em Direito, que será mais simples, mais reduzida, mas que pode ser a melhor pesquisa a ser feita naquele momento.

2.1 O uso da História no Direito

Todos nós já estudamos por um manual de direito que, antes de chegar ao "problema central", apresenta um histórico, uma introdução histórica. Usualmente, esse tipo de obra presta um desserviço ao ensino do direito e, em especial, à história do direito. Além de reduzir milhares de anos e de experiências jurídicas em poucas linhas – uma simplificação que não permite boa compreensão –, manuais como esse costumam empregar fontes de qualidade duvidosas. Usualmente, são baseados em um Manual, que cita um Manual, que cita outro Manual. Um ciclo vicioso em que uma pesquisa séria sobre determinado tema, não é feita, pois o objetivo do livro é não falar sobre a história, mas sim sobre outro tema.

Esses livros carregados de erros, de senso comum "jurídico", constroem, nos estudantes de Direito, a ideia que eles estão habilitados a escrever sobre história, como os autores fazem: copiando a ideia de outros manuais e passando informações superficiais sobre temas completos. O que defendo é que uma introdução histórica (ou escorço histórico ou recorte histórico ou qualquer outro nome que se dá) em qualquer trabalho de direito é quase sempre um grande erro! A história dos fenômenos jurídicos só tem sentido em um trabalho quando é acompanhada de metodologias da História e de fontes primárias e é diretamente conectada com o desenvolvimento do problema de pesquisa.

Veja que, além disso, os autores desconhecem os métodos de pesquisa histórica e, além de fazerem uma revisão bibliografia pouco complexa (falarei mais sobre revisão bibliografia no capítulo 6), reproduzem erros. Nesse sentido, transmitem também a ideia de que não é necessário conhecer as metodologias e as técnicas da História para fazê-la. Nas faculdades de História, esses trabalhos são usados como piada. Sim, manuais de direito civil, direito constitucional... são usados nas faculdades de Histórias como modelos caricatos do que não se deve fazer.

A ideia não é dizer que os manuais são instrumentos ruins para o aprendizado do direito, pelo contrário. Os manuais têm uma função muito importante: são eles, em geral, que introduzem as temáticas aos pesquisadores e estudantes. Eles são o passo inicial e abrem as portas para caminhos que as estudantes, posteriormente, devem percorrer sozinhas. Explico: uma pessoa que estuda recurso extraordinário pode se contentar com a leitura de manuais para fazer os exames de faculdade e da Ordem dos Advogados do Brasil (OAB) – talvez possa até se contentar com ele para a vida profissional –, mas, quando precisar enfrentar o desafio de escrever um trabalho acadêmico, precisará ser mais aprofundamento. Precisará verificar artigos específicos sobre o tema, confrontar a teoria com a prática, entender as diversas complexidades do fenômeno, entre outras tarefas.

A História tem suas metodologias próprias, suas complexidades, de forma que não "se pode fazer história sem se prestar atenção nas contribuições, nas pesquisas, nas abordagens e nas metodologias dos historiadores em geral[23]".

Ademais, o passado não é um objeto certo, exato. Há dezenas de controvérsias, discussões teóricas e caminhos para abordar o fenômeno jurídico, dependendo do tempo e do espaço. O significado do direito, das fontes do direito, dos sentidos dos tribunais muda na história. A "importância" de uma lei escrita é diferente em diversos países e em diversos momentos históricos. Da mesma forma, a influência dos autores no século XIII é diferente da influência no século XXI.

E, se acreditamos na premissa de que o direito não é isolado da sociedade, se ele tem suas peculiaridades e está imerso nas vivências específicas da sociedade na qual é vigente, "não se pode desprender sua análise no passado da análise da própria sociedade onde ele se insere e onde ele dialoga com a política, com a cultura, com a economia e com a sociedade[24]".

---

[23] FONSECA, Ricardo Marcelo. **Introdução teórica à História do Direito**. Curitiba: Juruá, 2009. p. 22.
[24] Ibidem, p. 22.

Desse modo, a forma rasa como muitos manuais de Direito tratam a História, além de torná-los modelos ruins para monografias, dissertações e teses que usualmente copiam esse "método", empobrece a área e acaba sendo um desperdício de tempo de pesquisa, que obviamente poderia ter sido gasto com a pesquisa em si.

2.2. Primeiro passo: as fontes

Quando um autor escreve um trabalho acadêmico, ele cita de onde vieram as informações. Se cita uma fala do presidente da República ou uma lei, deve especificar o número da lei ou onde está o discurso para que os leitores possam verificar a fonte da informação. Sem essa possibilidade, um trabalho simplesmente não pode ser comprovado e, portanto, não tem validade. Se um autor escreve sem colocar referências, sem provar de onde vieram suas alegações, seu trabalho perde valor, se resume a uma percepção pessoal. É nesse sentido que o Direito se aproxima da

História: ambos precisam de provas. Obviamente que fatos notórios não precisam ser provados – um autor não precisa de uma referência para escrever que o estado do Paraná fica no sul do Brasil, mas um bom trabalho é resultado da pesquisa de várias referências.

Agora pensemos em um trabalho que cita, por exemplo, o direito na Grécia, no Egito, no período antes de Cristo; ou, ainda, que cita o Código de Hamurabi. O que os autores desses trabalhos citam? Com que fontes eles podem saber o que acontecia naquele momento?

Por outro lado, usualmente, os manuais, quando tratam de temas históricos, citam outros manuais em vez de trabalhos especializados sobre os períodos históricos ou de publicações do período para que se possa compreender o momento. Infelizmente, trata-se de um círculo vicioso: a grande maioria cita outros manuais, que citam outros manuais, que citam outros manuais... No fundo, a maioria desses autores jamais aprofundou uma pesquisa.

O que quero dizer é que grande parte do que se afirma nos manuais e em alguns trabalhos sobre história não tem fundamento de pesquisa. É mera repetição, sem questionar, sem problematizar, sem tentar entender como o passado era diferente e quais eram suas especificidades. Qual é o problema em fazer isso? O problema é que deixamos de entender os períodos históricos com suas complexidades, com suas dimensões específicas e simplesmente reproduzimos o presente no passado. O passado vira um local para ver o presente.

Daí os autores que reproduzem essa prática puxarem fios condutores, linhas retas de Roma, por exemplo, até a Constituição de 1988. Eles não entendem as características singulares do direito romano, pois não pesquisaram sobre isso, e simplesmente veem em Roma, na Grécia ou no Código de Hamurabi os antecedentes do direito atual. Além disso, muitas vezes, o vocábulo é o mesmo, mas o significado não. Os conceitos se alteram no tempo e no espaço. O que significava família, obrigação, liberdade em Roma é diferente do que significa hoje. Nesse sentido, existem diversas metodologias na História para entender o que determinado conceito significa em um momento histórico. Por isso, os autores de Direito devem ter cuidado ao olhar para o passado, para não reduzir suas complexidades.

A ideia não é impossibilitar que esses períodos sejam pesquisados ou estudados, mas sim afirmar que eles devem ser levados a sério. Uma pesquisa que se preocupa em contribuir para o mundo acadêmico precisa realmente buscar fontes e fundamentos para o que escreve.

Se a própria História – enquanto disciplina – tem consciência das suas constantes alterações de sentido, de mudança, de novas interpretações sobre os fatos passados, de uma abertura para novos documentos, novas fontes; se tem consciência de que seu objeto é sempre parcial, mutável, passível de críticas e novas interpretações, não parece ser possível que o Direito, que tanto necessita da História para compreender suas instituições, suas vivências, seus paradigmas, simplesmente ignore as discussões da história.

No fundo, parece existir um "fetiche" no Brasil com Roma e Grécia. São momentos históricos importantíssimos – talvez, base de parte significante da humanidade. Mas os brasileiros e o direito brasileiro do século XX e XXI são bem diferentes dos daqueles povos.

Não consigo entender por que todo manual de direito civil tem que começar em Roma e jamais falar das leis de família do Governo Vargas. Ou nem sequer citar as discussões brasileiras sobre o divórcio, o estatuto da mulher casada, as lutas feministas, a violência contra a mulher. De Roma, os civilistas, com brilhantes e destacadas exceções, pulam para a Codificação francesa, alemã, o Código Civil brasileiro de 1916, a Constituição de 1988 e, finalmente, o Código Civil brasileiro de 2002. Dois mil anos de história em vinte páginas!

Falta aqui um recorte histórico. É impossível fazer uma história tão longa assim com qualidade. Da mesma forma, é necessário que o corte da pesquisa tenha sentido, que a pesquisadora não fique procurando fundamentos em lugares em que não consegue enxergar. Uma pesquisa deve procurar um corte metodológico para se concentrar naquilo que é essencial ao trabalho.

Um trabalho sobre citação processual não precisa iniciar falando como era a citação em Roma. Pode ir direito para todos os problemas atuais, os debates jurídicos – como citar um morador de uma favela comandada pelo tráfico? E dezenas de questões muito distantes da Roma Antiga. Não que o mundo romano não seja importante e não nos ajude a pensar, pelo contrário, nos ajuda muito. Mas, se ele não for pesquisado com densidade e seriedade, é somente um passado esfumaçado que não serve para esclarecer nada. Assim, a escolha do momento histórico, se houver, deve ser fundamentada e ter relação íntima com o objeto central do trabalho.

O mesmo vale para o Direito Comparado, área extremante difícil e que exige do pesquisador esforços do mesmo tamanho. Eu acredito que o

Direito Comparado exija a compreensão da língua do país a ser estudado, pois as traduções, costumeiramente, são versões e uma pesquisa deve sempre buscar as fontes principais. Deve considerar muito do que já falamos: a diferença entre vivências, pensamento e lei, a diferença de perspectivas. Mas o exemplo do Direito Comparado deve ser fundamentado. Por que usar a Áustria e não a Holanda? Por que a Argentina e não Cuba? A escolha dos países não deve ser realizada simplesmente para "provar a tese do autor", mas deve ser fundamentada.

Vou dar um exemplo: é muito comum os manuais de direito constitucional citarem a Lei Fundamental da Alemanha (*Grundgesetz*) de 1949, mas poucos deles explicam que a lei era válida apenas para a Alemanha Ocidental. Mas será que, nos territórios franceses e ingleses, funcionava da mesma forma? E como ficou a parte Oriental com a "unificação"? Por que eles não usam o termo "Constituição" (*Verfassung*)? São explicações básicas, apenas a título de exemplificação, com as quais o uso do Direito Comparado deve se preocupar antes de simplesmente informar aos estudantes artigos de lei que podem nunca ter sido aplicados ou aplicados de forma diferente do que o senso comum diria. De qualquer modo, voltarei ao Direito Comparado em outro capítulo[25].

2.3 O problema da Filosofia do Direito

Escrevi anteriormente sobre a História do Direito e aqui escreverei um pouco sobre Filosofia do Direito. Mas são apenas dois exemplos. O mesmo poderia servir para Economia, Sociologia, Antropologia e outras áreas que o Direito costuma citar. Escrevo sobre História e Filosofia, pois acredito que são algumas das áreas mais citadas pelo Direito.

---

[25] Dois fundamentais livros para quem deseja começar a pesquisa em História do Direito: HESPANHA, António Manuel. **Cultura jurídica europeia**: síntese de um milênio. Lisboa: Almedina, 2012 e FONSECA, Ricardo Marcelo. **Introdução teórica à história do direito.** Curitiba: Juruá, 2009.

É muito comum ver, em publicações jurídicas, referências a períodos distantes da nossa história. Muitas vezes, para entender esses tempos, os autores usam livros consagrados, mas de forma descontextualiza. Explico melhor: usa-se um autor para descrever toda uma época, sem imaginar que, muitas vezes, o que aquele autor pretende fazer não é descrever sua época, mas simplesmente apresentar um projeto. Uso o exemplo de Thomas Hobbes (1588-1679), citado em muitos manuais de direito. *O Leviatã*, obra publicada em 1651, não é uma simples e fiel descrição da Inglaterra do século XVII, é um projeto de contrato social, um projeto do autor, que está intimamente ligado às impressões que Hobbes tem sobre a decapitação do rei inglês Carlos I (1649)[26].

A Inglaterra do século XVII, como fundamentam diversos historiadores, era muito mais complexa do que a descrição d'*O Leviatã*, que também sofreu diversas críticas e questionamentos

---

[26] WOLLMAN, Sergio. **O conceito de liberdade no Leviatã de Hobbes**. Porto Alegre: Editora PUCRS, 1994.

quando da sua publicação[27]. Ressalte-se que isso jamais tirará o brilho da obra de Thomas Hobbes, mas, da forma como é usada – como se fosse uma simples descrição daquele período –, o seu fundamento é totalmente esvaziado.

As ideias de Direito e de Estado nascem em contextos e em momentos históricos, não estão isoladas no tempo e no espaço. Entender suas especificidades, o contexto em que surgiram ajuda a entender a complexidade desses pensamentos. O que quero dizer é que a história do direito não pode ser confundida com a história do pensamento jurídico, pois, assim como a lei, o pensamento jurídico, muitas vezes, não tem relação com as práticas. As obras de filosofia são de suma importância para pensarmos o nosso mundo, o nosso direito – é talvez por isso que os filósofos atravessem mais séculos que os reis e imperadores,

---

[27] Ibidem. Vide também PARKIN, Jon. **Taming the Leviathan**: The Reception of the Political and Religious Ideas of Thomas Hobbes in England 1640-1700. Cambridge: Cambridge University Press, 2007 e MARTINICH, Aloysius. **Thomas Hobbes: A Biography**. Cambridge: Cambridge University Press, 1994.

mas essas obras se prestam a exercitar o pensamento, e não apenas descrever a realidade. São projetos, impressões de autores, e não necessariamente o que se vivia naquele momento. O uso de um autor deve ser historicamente contextualizado, assim como sua obra.

Entender a história do pensamento jurídico é muito importante. Mas esse pensamento não pode ser descontextualizado, pois os autores jurídicos não são neutros – creio eu, em nenhum tempo na história –, desligados da sociedade e das histórias que permeiam os países onde vivem. Conhecer o autor também é conhecer melhor o seu texto, que não está simplesmente solto e isento no ar.

Sendo assim, a recomendação que faço, para aqueles que realmente desejam utilizar a Filosofia do Direito no seu trabalho, é que procurem autores especialistas nos filósofos. Busquem especialistas do Brasil e de outros países, procurem as obras no original e entendam os debates que são feitos em teses e artigos sobre os pensadores. Fujam de manuais e procurem pesquisas de ponta sobre os temas.

Para nós, ao final deste capítulo, é fundamental lembrar que a relação entre lei, aplicação ou vivência das leis e pensamento jurídico pode descrever realidades diferentes. Cabe à pesquisadora analisar os tempos, as fontes e as provas para entender como esses elementos dialogavam entre si. Já coordenei uma pesquisa sobre a greve em que simplesmente a prática do direito de greve era completamente diferente daquilo que os tribunais e parte da literatura jurídica do período escrevi[28]. Devemos partir do pressuposto de que o direito (e a vida) não é um dado certo e exato e nos engajar nas pesquisas para compreender o passado, os filósofos e a história nas suas complexidades.

---

[28] SIQUEIRA, Gustavo. **História do direito de greve no Brasil (1890-1946).** Rio de Janeiro: Lúmen Juris, 2017a.

3. O PROBLEMA DO DIREITO COMPARADO

> E por isso que sou realmente exigente, porque entendo que, tenho o dever, como vosso professor, de vos exigir que o perante mundo não sejam [...] conservadores, acomodados, fúteis, que ousem pensar por vós, porque é para isso que se tem cabeça, que se aventurem... mas caros amigos, a aventura é um trabalho exigente, que exige preparação e um saber forte. Aventurar-se sem isso, à toa? Pode ser a morte [...]
>
> António Manuel Hespanha, "Boas-vindas aos discentes da Universidade Nova de Lisboa"

Vou começar o capítulo com uma piada. Imagine que um extraterreste venha ao Brasil. Imagine também que ele encontre um exemplar na Constituição da República Federativa do Brasil de 1988 e leia o artigo 7º, inciso IV:

> Art. 7º. São direitos dos trabalhadores urbanos e rurais,

> além de outros que visem à melhoria de sua condição social:
> [...]
> IV - Salário mínimo, fixado em lei, nacionalmente unificado, capaz de atender a suas necessidades vitais básicas e às de sua família com moradia, alimentação, educação, saúde, lazer, vestuário, higiene, transporte e previdência social, com reajustes periódicos que lhe preservem o poder aquisitivo, sendo vedada sua vinculação para qualquer fim;

Ele possivelmente pensaria – me perdoem a piada de mau gosto – que o salário mínimo garante a todo brasileiro as condições mínimas de vida, supondo que ele entenda isso também.

Nós, brasileiros, que vivemos todos os dias a cruel realidade do país – aparentemente sem uma pesquisa mais profunda – conseguimos dizer que os R$ 1.045,00 do salário mínimo vigente em 2020 não conseguem garantir ao cidadão brasileiro aquelas condições (não quero discutir aqui normas programáticas). Pois bem. Fica claro que existe um distanciamento entre a Constituição e a vida.

Agora pensemos que, quando analisamos o direito de outros países, os extraterrestres somos nós. A menos que tenhamos estudado Direito em outro país também – o que é possível –, enquanto extraterrestres nos outros países, possivelmente teremos muitas dificuldades (ou enormes dificuldades) para entender como as coisas funcionam por lá.

Além da barreira de língua, de conhecer as obras relevantes, o estado da arte, temos a dificuldade da pesquisa em si. Se já é difícil fazer uma pesquisa sobre a Lei Seca no Brasil, imagina falar de dois países? Se você quer tratar apenas das leis, saiba que você pode estar falando de uma coisa que não existe ou tem pouco sentido na realidade, como o citado artigo 7º, inciso IV, infelizmente.

Ademais, a pesquisa em Direito Comparado deve apresentar questões relevantes nos dois países. Logo, você também precisa saber se o problema de pesquisa apresentado é relevante nos dois. Por lado, os países ou o país que você pretende comparar devem ser justificados. Qual é o critério de escolha? O que justifica a escolha de determinado país em vez de outro?

Sendo assim, digo que é muito difícil – mas não impossível – fazer Direito Comparado. Tomo a liberdade de citar um relevante trabalho de Direito Comparado que li. João Renda Fernandes comparou os argumentos utilizados nas discussões das reformas trabalhistas quando citavam o direito trabalhista norte-americano. Fernandes foi morar e estudar nos Estados Unidos e pôde conhecer profundamente o sistema de lá. Foi o que contribuiu, em muito, para escrever uma dissertação comparando os argumentos utilizados no Brasil e mostrar que o que se diz aqui sobre o direito estadunidense não tem relação alguma com o que acontece lá. Fernandes conseguiu criticar o senso comum de juristas e políticos brasileiros e fez um trabalho inovar[29].

---

[29] FERNANDES, João Renda Leal. **O "mito EUA"**: um país sem direitos trabalhistas? 2020. 320f. Dissertação (Mestrado) – Curso de Direito, Universidade do Estado do Rio de Janeiro, Rio de Janeiro, 2020.

Obviamente, não é fácil e, muitas vezes, acessível conhecer, pesquisar e escrever sobre outros países. Daí a necessidade de entendermos que uma pesquisa não necessariamente precisa dialogar com outros territórios. Inclusive, o Brasil precisa muito de pesquisas que olhem de maneira contextualizada para os seus diversos problemas.

Peço desculpas se as palavras acima soam como um desestímulo aqueles que desejam fazer Direito Comparado. Minha intenção é mostrar como essa abordagem é difícil, mas não impossível. Acredito, por outro lado, que as pesquisas em Direito Comparado podem trazer importantes elementos para pensarmos o Brasil, mas elas só nos servem se forem feitas de forma profunda. Citar diversos países apenas por citar ou acreditar que Direito Comparado se resume a citar uma lei ou julgado de outro país é um engano. O Direito Comparado exige um conhecimento dos conceitos utilizados nos países, uma profunda noção do funcionamento do direito, das instituições e da sociedade estrangeiras[30].

Aproveito para escrever um pouco também sobre o uso de autores estrangeiros. Obviamente que os autores escrevem em determinados contextos e posições sociais. Repito: eles não são seres isentos e iluminados que simplesmente escrevem a "verdade". Eles escrevem de acordo com suas vivências, experiências e preconceitos. Sendo assim, nenhum autor é neutro. Todos estão envolvidos em contextos sociais políticos, econômicos e refletem suas posições. Ademais, os autores escrevem em determinado período histórico e com conceitos próximos da sua época. Dessa forma, quando uso um autor, preciso saber de que lugar ele está falando, que a posição que ele ocupou, quem era ele. Só assim saberei com quem eu pretendo dialogar.

Em seguida, preciso problematizar as teorias (ou ideias) de determinado autor para o

---

[30] Um importante trabalho que ajuda aqueles que pretendem mergulhar no Direito Comparado: ANDRADE NETO, João. **Borrowing Justification for Proportionality: on the influence of the Principle Theory in Brazil.** Heidelberg: Springer, 2018.

presente. Será que ele pode contribuir para o debate atual? Em que medida? Será que suas premissas, escritas para outra sociedade, podem ser pensadas no Brasil? Pode parecer básico, mas grande parte dos trabalhos que já li simplesmente acredita que existe um autor "iluminado", que pode ser simplesmente "adaptado" ao Brasil. Justificar o uso de determinado autor ou teoria no texto é fundamental e deve ser feito logo no começo do trabalho.

Autores estrangeiros, que são fundamentais para o desenvolvimento acadêmico no Brasil, não podem ser utilizados simplesmente como "donos da verdade" ou como "certezas". Eles são importantes, mas devem ser mediados e problematizados. As teorias de um autor que escreve para a Europa do século XIX podem ser importantes para ajudar a pensar o Brasil do século XXI – são, em muitos casos –, mas essa mediação não é automática. Os pressupostos do autor, os conceitos contidos nas palavras e nas teorias e os exemplos devem ser compreendidos naquele tempo, para depois pensarmos em uma sociedade completamente diferente.

No entanto, o uso de autores estrangeiros também tem outro problema: a língua. Já diziam os italianos: *traduttore, traditore*. Imagine basear a sua tese de doutorado em uma tradução errada ou em um sentido diferente do original. Tenho muito respeito pelos tradutores, tarefa árdua, importantíssima e fundamental para o acesso ao conhecimento, mas eles, como todos os seres humanos, erram, interpretam o texto e compreendem o texto de uma forma. Desse modo, eu sempre recomendo o uso dos textos originais nas pesquisas.

Não acredito, por exemplo, que seja possível fazer uma tese sobre Foucault sem que se pesquise o autor na língua original. Explico: ou fazemos pesquisa em nível profundo ou não fazemos. Uma tese sobre Foucault, por exemplo, deve estar preparada para dialogar com os especialistas internacionais no autor. Não deve ser uma tese para ficar escondida em uma biblioteca brasileira. Temos que fazer pesquisa de relevância mundial, que discuta com os autores no original, que discuta com os tradutores, que questione os especialistas. Não há sentido em somente elogiar os autores ou repetir o que Foucault escreveu – como muito acontece –, é preciso consciência crítica, para pensar – e não simplesmente reproduzir – o que já foi escrito. Não raro, especialistas em certos autores discutem as várias edições, as contradições do texto e colocam as assertivas à prova.

Em 2017, uma professora francesa ministrou um curso de História do Direito na Uerj. Após a semana de aula, ela perguntou o tema de pesquisa de cada um dos estudantes. Um deles contou que fazia uma tese de doutorado sobre a *Suma teológica*, de Tomás de Aquino. A professora ficou encantada, disse que era uma obra muito importante e que ficava muito feliz de saber que, no Brasil, se estava pesquisando um autor tão difícil e complexo. No instante seguinte, a professora lamentou nunca ter pesquisado a *Suma teológica*, porque considerava o seu latim muito ruim. Ao questionar o "nível" do latim do doutorando, a resposta quase a levou a um ataque cardíaco. O discente fazia uma tese de doutorado baseado em uma tradução brasileira e não sabia ler uma linha de latim.

Passado o quase ataque cardíaco, a professora explicou que não se podia confiar nas traduções, que existem diversas discussões sobre as traduções do autor e que era impossível dialogar com uma pesquisa de alto nível se ele não usasse os originais.

Isso pode parecer um pouco cruel e elitista, mas, se queremos fazer pesquisa no nível que as outras universidades do mundo fazem nesses temas, temos que nos esforçar. Usualmente, nas universidades mais importantes do mundo, os autores só são citados em teses e pesquisas na obra original.

Por outro lado, existem diversos temas regionais e nacionais que jamais foram pesquisados. Nossa sociedade é complexa e cheia de problemas que podem se tornar objeto de pesquisa. Mas, quando desejamos entrar em temas e autores de outros países, precisamos entender que, em muitos temas, já existem tradições de anos. Sendo assim, precisamos inovar não apenas nos objetos, mas também nos temas.

Se for para repetir o que os outros autores já escreveram, o trabalho não precisa existir, pois o Google e a ferramenta copiar-colar já fazem isso melhor que nós. Ou usamos nossa criatividade para as pesquisas, ou não pesquisamos. Pesquisar não é copiar, mas fazer novas perguntas, dar novas interpretações, discutir novos problemas.

Dessa forma, e torno a repetir, acredito que todo trabalho acadêmico, da graduação ao doutorado, deve ter inovação. Sim, um simples artigo deve ter inovação. Não acredito que a pesquisadora só esteja habilitada para inovar após o doutorado. Inclusive, acredito que isso seja um grave erro. Temos que inovar sempre. Não há por que gastarmos tempo e vida repetindo os outros. Nesse sentido, a diferença entre um trabalho de graduação e uma tese de doutorado será a complexidade, a profundidade, a extensão do objeto, mas inovação todos os trabalhos devem ter.

Certa vez, uma estudante de doutorado me disse que seu orientador havia sugerido outras orientações de metodologia. Para o orientador da discente, uma tese deveria ser estruturada três pontos: história, direito comparado (com, no mínimo, dez países) e a "tese em si". Não sei em que século – talvez o XVIII – o professor teve essa formação, mas isso é exatamente o oposto do que tento discutir aqui.

Nesse embate entre mundos totalmente incompatíveis, cabe ao discente decidir – o que definitivamente não é fácil – seguir o modelo do orientador ou mudar de orientador. Claro que a resposta depende da lógica interna de cada instituição, mas esse é um cenário terrível. É o choque do novo – ou daquele que aprendeu o novo – e do velho – que ainda existe. Mas também é normal. Todos nós somos a face do novo e do velho, até porque o que define os dois é um parâmetro que sempre se altera.

Por outro lado, cabe a nós, orientadores – se é que há algum orientador ou futuro orientador lendo este livro –, estar preparados para receber novas ideias, novas metodologias e novas formas de ver o mundo. Não é fácil aceitar que não sabemos ou que precisamos estudar muito, mas isso faz parte da nossa profissão e da condição humana. Somos imperfeitos, finitos e em constante construção, como defendeu Paulo Freire[31]. O título de doutor, ou qualquer outro título, não nos garante conhecimento eterno, nem mesmo todo conhecimento sobre um tema. Ele nos confirma (teoricamente) um conhecimento em uma pequena área do saber, que provavelmente se altera todos os dias. Um professor que não lê, não se atualiza e não aceita algo novo é um professor que deixa de ser professor um pouco mais a cada dia.

---

[31] FREIRE, Paulo. **Pedagogia da autonomia:** saberes necessários à prática educativa. São Paulo: Paz e Terra, 2006.

4. NOTAS SOBRE A PESQUISA EMPÍRICA

> E eu não estou aqui nem vos ensinar a morrer, mas também não para vos ensinar a sobreviver na rotina e na modorra, mas para viverem ativamente, radicalmente, para viverem como verdadeiros artistas, criadores e inventivos, neste caso, do Direito. Artistas virtuosos e artistas que possam dar a vos e a sociedade – que já vos te deu alguma coisa – o que ela precisa: soluções jurídicas novas e boas.
>
> António Manuel Hespanha, "Boas-vindas aos discentes da Universidade de Nova Lisboa"

Levante as mãos para o céu – ou para qualquer outro lugar – se você teve uma professora que trabalhou com você conceitos e métodos de pesquisa empírica. Eu só fui aprender o que era pesquisa empírica no doutorado. Ou seja, anos após a conclusão do meu curso de graduação.

Não pretendo discutir os diversos conceitos aqui; portanto, a pesquisa empírica, resumidamente, tenta entender como o direito existe na realidade. É uma discussão não do "dever ser" ou da norma jurídica, mas do que ela é. É o direito no dia a dia, nos tribunais, nas salas de aula, nos documentos históricos. É o impacto do direito na vida das pessoas. Trata-se do uso, por exemplo, de métodos sociológicos ou antropológicos de entrevista para conhecer os sujeitos que praticam ou que vivenciam o direito; do uso dos métodos históricos para fazer uma história do direito; de estatísticas na análise de sentenças e padrões de decisões. Como escrevem Fernando Fointainha e Pedro Geraldo:

> É uma compreensão dos fatos enquanto fenômenos capazes de ser apreendidos pelas várias técnicas de pesquisa [...] Assim, para se entender o direito em uma sociedade, devemos observar como ele se produz nas relações sociais e contextos institucionais, e não ler o que os livros dizem o que ele é. Isto significa que o direito não é apenas realidade normativa, ou um punhado de leis e códigos. O direito acontece na prática cotidiana nas relações sociais e nas instituições. Logo, a dimensão empírica do direito está

em entende-lo como um fenômeno sócio-jurídico[32].

São as pesquisas que, no meu entender, podem melhor contribuir para propostas de diagnósticos e projeções futuras da sociedade. As pesquisas empíricas procuram compreender como o direito está repercutindo na vida das pessoas e as múltiplas formas como a lei (ou qualquer norma jurídica) se apresenta em uma sociedade.

A pesquisa empírica no Direito é uma necessidade em um país em que as leis e a sua aplicação podem apresentar diferenças abissais. Limitar o ensino (e a pesquisa) do Direito aos livros pode distanciar o ensino (e a pesquisa) da realidade. Além disso, a pesquisa empírica é fundamental para que possamos entender o direito como organismo vivo em uma sociedade. Em um país cuja lei, muitas vezes, se distancia da realidade, esse tipo de investigação é capaz de

---

[32] FONTAINHA, Fernando; GERALDO, Pedro Heitor. Por uma sociologia empírica do direito. In: FONTAINHA, Fernando (org.). **Sociologia empírica do direito**. Curitiba: Juruá, 2015. p. 11-12.

demonstrar como diversas realidades podem viver em torno do fenômeno jurídico. Também pode ajudar na compreensão das diferentes aplicações e interpretações que as leis sofrem. Ela ajuda a ultrapassar a lógica de que a lei simplesmente regula o mundo.

Muitas vezes, acreditamos que as leis são como as condições normais de temperatura e pressão (CNTP) e "reproduzimos" aos discentes aquilo que já está escrito no texto[33]. Mas a vida é muito mais complexa: as temperaturas, a pressão, a altitude, todos esses elementos que alteram as CNTP também alteram, por analogia, a aplicação do direito. A pressão política e social e a latitude (onde o caso acontece), por exemplo, de fato influenciam a aplicação.

Sendo assim, muitas vezes corremos o risco de ensinar aos discentes um modelo que, na prática, pode não existir. Por isso, acredito que o uso de

---

[33] Faço a sugestão de um interessante livro sobre os novos paradigmas da ciência: PRIGOGINE, Ilya. **O fim das certezas**: tempo, caos e as leis da natureza. 2. ed. São Paulo: Editora Unesp, 2011.

pesquisas empíricas para o ensino do direito é uma forma espetacular de formar juristas e pesquisadores mais preocupados com as diversas condições não "normais" que as normas jurídicas vivem.

Nesse patamar, também acredito que o docente de Direito não deve ministrar ou se preocupar apenas com o conteúdo programático (me lembro daquele professor que precisa "correr com a matéria. pois o tempo é curto"). Ele deve se preocupar em capacitar os discentes em habilidades, e não somente em conteúdo. Defendo, inclusive que o primeiro é mais importante que o segundo. Por isso, não vejo sentido em um professor de Direito Penal, por exemplo, explicar minuciosamente artigo por artigo da parte especial do Código Penal. Ele deve capacitar os discentes para entenderem a lógica do Código, os elementos básicos para que saibam interpretar a lei.

Assim, acredito que a pesquisa empírica também pode influenciar a forma como ensinamos o direito, pois professores com formação em pesquisa necessariamente abordarão de outra maneira o conteúdo discutido em sala de aula (ou fora dela). Mas não é fácil fazer pesquisa empírica. Ela exige técnicas, metodologias, práticas e conhecimentos que poucas vezes são lecionados nas faculdades de Direito do Brasil.

Fazer e conhecer as técnicas de entrevista, analisar e construir estatísticas e gráficos, selecionar e analisar documentos históricos, entre outras técnicas, são tarefas que exigem capacidades e habilidades especificas. É por isso que as pesquisas empíricas – apesar da sua extrema importância – são pouco difundidas na maioria das faculdades de Direito no Brasil. Fazer pesquisa empírica exige dos pesquisadores um conhecimento além do ministrado tradicionalmente nos cursos de Direito e também demanda mobilização de tempo e de materiais para sua realização.

Por outro lado, como é essa a pesquisa que mais pode contribuir para as pesquisas jurídicas – em um país com diversos problemas sociais que envolvem efetividade e exercício de direitos –, é o tipo de pesquisa que mais incentivo meus estudantes e colegas das faculdades de Direito a fazerem. Eu acredito que é urgente que as pesquisas em Direito no Brasil tenham um foco mais prático, no sentido de buscarem fontes e objetos diretamente ligados aos problemas que explodem no país, nas cidades, nos bairros, nas prisões, por exemplo. Pessoalmente, acredito que uma pesquisa sobre os direitos sociais em uma cidade no interior do Brasil pode contribuir muito mais para a formação de uma pesquisadora do que um trabalho sobre os pretores na Roma Antiga. Não que eu não veja importância na pesquisa histórica – também sou professor de História do Direito –, mas são tantos problemas que flagrantemente afligem a sociedade brasileira que a História do Direito também deve ser uma disciplina atenta a nossa realidade. Isso não quer dizer que eu não defenda os trabalhos teóricos ou as pesquisas filosóficas. Pelo contrário, sem essa base, não é possível fazer uma pesquisa empírica. O que eu defendo é que as pesquisas jurídicas, feitas nas faculdades de Direito, devem estar atentas aos problemas atuais e cotidianos do país.

Defendo que a História do Direito, a Filosofia do Direito e a Sociologia do Direito, em especial, não sejam unidades curriculares que simplesmente repetem o que os autores escreveram. Defendo que essas disciplinas sejam os baluartes contra a "educação bancária"[34] – em que o professor simplesmente faz com que os estudantes repitam o que ele copiou de outros autores – e sejam disciplinas "críticas" sobre a atuação do direito na sociedade.[35] Os teóricos, os clássicos da filosofia ou de outras áreas servem mais a nós quando nos ajudam a pensar o Brasil.

Não pretendo explicar aqui como se faz uma pesquisa empírica[36]. Isso daria um livro à

---

[34] No sentido mais bem definido em FREIRE, Paulo. **Pedagogia da autonomia:** saberes necessários à prática educativa. São Paulo: Paz e Terra, 2006.

[35] António Manuel Hespanha definiu muito bem o papel da História do Direito como disciplina crítica em HESPANHA, António Manuel. **Cultura jurídica europeia**: síntese de um milênio. Lisboa: Almedina, 2012.

[36] Quem deseja um manual com técnicas de pesquisa

parte. Minha ideia aqui é difundir a ideia para aqueles que iniciam a pesquisa em Direito e apontar a necessidade de uma crítica às pesquisas tradicionalmente feitas na área.

Existem instituições que pesquisam e divulgam pesquisas empíricas em direito brasileiro. A Rede de Estudos Empíricos em Direito, por exemplo, organiza eventos, publica uma revista e divulga parte das pesquisas feitas no país. Aqueles que pretendem conhecer melhor o tema podem procurar os eventos e as publicações.

De fato, as pesquisas empíricas no Brasil costumam ser realizadas por pesquisadores que tiveram experiências em outras faculdades e/ou no exterior e que contribuem para uma pesquisa mais crítica e mais realista. São pesquisadores que se destacam no cenário nacional e que, muito além de contribuírem com grandes interpretações – como

---

empírica pode consultar: QUEIROZ, Rafael Mafei Rabelo; FEFERBAUM, Marina. **Metodologia da pesquisa em Direito**: técnicas e abordagens para elaboração de monografias, dissertações e teses. 2. ed. São Paulo: Saraiva, 2019.

grande parte dos livros faz –, contribuem com pesquisas bem delimitadas e úteis à crítica e ao ensino do Direito no Brasil.

Tomo a liberdade de sugerir ao leitor algumas pesquisas empíricas na área do Direito que podem contribuir para o debate e servir como exemplo para aqueles que desejam se aprofundar no campo. As referências e as metodologias usadas nestas obras podem auxiliar a compreensão de como fazer pesquisa empírica e como pensar o direito para além das pesquisas meramente dogmáticas.[37]

Pesquisa empírica sobre o Ensino do Direito (com entrevistas e observações de campo):

PEREIRA, Fernanda Brito. **A prática docente no cotidiano dos cursos de Direito**: desafios e possibilidades. 2004. 121 f. Dissertação (Mestrado) - Curso de Educação, Universidade Federal de Minas Gerais, Belo Horizonte, 2004.

---

[37] A classificação das sugestões é completamente arbitrária, utilizada para fins didáticos e de divulgação. Na verdade, todas as pesquisas citadas têm caráter interdisciplinar e transitam por diversas áreas.

Pesquisa empírica sobre o Ensino do Direito (com entrevistas e observações de campo):

FONTAINHA, Fernando. Um pesquisador na EMERJ: negociações de uma postura de pesquisa em um mundo institucionalizado. Revista de Estudos Empíricos em Direito, São Paulo, v. 2, n. 1, p. 93-111, jan. 2015.

Pesquisa empírica sobre medicamentos e patentes (com análise de documentos):

FERES, Marcos Vinício Chein; SILVA, Alan Rossi; MORAIS, Anderson Resende; SOUZA, Andressa Mendes de. A medida da inovação farmacêutica e os pedidos de patente: o caso da doença de Chagas. **Revista de Estudos Empíricos em Direito**, São Paulo, v. 5, n. 3, p. 118-135, jan. 2019.

Pesquisa empírica em História do Direito (uso de reportagens de jornais e de material histórico):

SIQUEIRA, Gustavo Silveira. "Justiça rápida e barata para todo o Brasil", um "Código para acabar com as chicanas do direito": o Código de Processo Civil de 1939 e alguns discursos sobre o Judiciário. **Revista Eletrônica de Direito Processual**, Rio de Janeiro, v. 18, n. 2, p. 245-260, mai. 2017b.

Pesquisa empírica em Justiça restaurativa (com entrevistas, observação e pesquisa de campo):

CARVALHO, Mayara. **Justiça restaurativa na comunidade**: uma experiência em Contagem-MG. [S.l.]: Belo Horizonte, 2019.

Pesquisa empírica em Direito Administrativo (com analise de inquéritos e documentos):

FERREIRA, Luciana da Silva Sales. Produção de documentos e gestão de conflitos: a atuação do Ministério Público na implantação do Projeto Minas-Rio, em Conceição do Mato Dentro/MG. **Revista de Estudos Empíricos em Direito**, São Paulo, v. 5, n. 3, p. 246-256, dez. 2018.

Pesquisa empírica em Direito/Processo Penal (com visitas, observações etnográficas e entrevistas):

SOUZA, Luanna Tomaz; VELOSO, Milene Maria Xavier; PINHEIRO, Ivonete. Os centros referência de atendimento à mulher em situação de violência e a experiência do Pro Paz Mulher (Belém-Pará). **Revista de Estudos Empíricos em Direito**, Rio de Janeiro, v. 5, n. 2, abr. 2018.

Pesquisa empírica em Direito/Processo Penal (com análise de sentenças):

BROCCO, Pedro Dalla Bernardina. Explorando a estrutura da confiança: apontamentos em sociologia do direito a partir do funcionamento da lei de medidas cautelares. **Direito GV**, São Paulo, v. 12, n. 3, p. 667-690, set. 2016.

Pesquisa empírica em Direito/Processo Penal (com análise de sentenças):

MACHADO, Maira Rocha; PINTO, Patrícia Bocardo Batista. A punição na punição na punição: as múltiplas sanções aplicadas em caso de falta grave nas decisões do TJSP. **Revista Brasileira de Ciências Criminais**, São Paulo, ano 27, v. 152, p. 117-143, fev. 2019.

Pesquisa empírica em Direito com análise da questão de gênero (com análise de sentenças):

SILVA, Vanessa Ramos da; CARLOS, Paula Pinhal de. Violência de gênero e Tribunal de Justiça do Rio Grande do Sul: usos e percepções sobre gênero segundo o discurso dos desembargadores e das desembargadoras e reflexos na aplicação da Lei Maria da Penha. **Revista de Estudos Empíricos em Direito**, São Paulo, v. 5, n. 1, p. 49-66, abr. 2018.

Sobre coleta de dados e a pesquisa empírica em Direito nos Estados Unidos:

EPSTEIN, Lee; KING, Gary. **Pesquisa empírica em Direito:** as regras de inferência. São Paulo: Direito GV, 2013. Disponível em: http://bibliotecadigital.fgv.br/dspace/handle/10438/11444. Acesso em: 2 jun. 2019.

Diversas outras pesquisas de qualidade podem ser encontradas na *Revista de Estudos Empíricos em Direito* e em outros periódicos respeitados. Espero que a leitura das pesquisas anteriores possa estimular a criatividade dos leitores e demostrar que a pesquisa empírica pode ser feita em todas as áreas do Direito. Tenho certeza de que aqueles que mergulham no difícil universo da pesquisa empírica no Direito contribuem de maneira singular para o fortalecimento da pesquisa brasileira.[38]

---

[38] Em especial, para quem deseja iniciar nas pesquisas empíricas com entrevistas: ENGELMAN, Fabiano. **Sociologia do Campo Jurídico**: juristas e usos do direito. Porto Alegre: Sergio Antonio Frabris Editor, 2006, 214p e BONI, Valdete; QUARESMA, Sílvia Jurema. Aprendendo a entrevistar: como fazer entrevistas em Ciências Sociais. **Revista Eletrônica dos Pós-graduandos em Sociologia Política da UFSC**. Florianópolis, v.2, n. 1, p.68-80, jan. 2005.

5. COMO DEFINIR OS OBJETOS E O PROBLEMA DE PESQUISA?

> Brasil, meu nego
> Deixa eu te contar
> A história que a história não conta
> O avesso do mesmo lugar
> Na luta é que a gente se encontra
> Estação Primeira de Mangueira, "História pra ninar gente grande". Composição: Danilo Firmino / Deivid Domênico / Mamá / Márcio Bola / Ronie Oliveira / Tomaz Miranda.

Minha avó mora em uma pequena cidade no interior do Brasil. Lá trabalham poucos policiais, e eles não têm o aparelho popularmente chamado de bafômetro. Já na cidade do Rio de Janeiro, em muitos bairros, existe a famosa operação Lei Seca, da qual participam dezenas de policiais, guardas municipais, membros do judiciário, voluntários. São experiências muito diferentes em duas cidades distintas. O exemplo só ilustra como é difícil fazer uma pesquisa que tenha como objeto o Brasil. É, muitas vezes, impossível incluir todo o país.

Ou seja, qualquer um que pretendesse fazer uma pesquisa sobre a Lei Seca teria que entender as milhares de experiências sobre essa lei em todo o país, o que tornaria a pesquisa muito difícil ou impossível. Mas como escolher o objeto de pesquisa se é impossível fazer uma pesquisa falando de todo o Brasil – considerando que falamos para um público iniciante?

Bem, o primeiro passo é limitar o objeto, sobre o qual o pesquisador se debruçará. Escolhido o objeto, cabe ao pesquisador decidir como irá analisá-lo. Quanto maior, mais o tempo necessário, maiores as possibilidades de analisar. Tudo isso tem que ser levado em conta.

Se fosse analisar a Lei Seca em determinada cidade, antes de iniciar a pesquisa, eu faria uma pesquisa preliminar. Deveria buscar o que já se escreveu sobre as leis e analisar como poderia trabalhar o objeto de pesquisa: faria uma pesquisa com base nos autos de infração? Faria uma entrevista com agentes públicos envolvidos ou com cidadãos autuados? Analisaria processos judiciais?

Notícias na imprensa? Processos administrativos? Ou eu poderia fazer uma discussão sobre o processo de elaboração da lei? Quais foram os argumentos levantados quando da elaboração da lei? Quais foram os defensores? Como aconteceu a aprovação? A pesquisa preliminar ajuda a definir o objeto de pesquisa. É ela que informará o tamanho do objeto, os diversos contornos e as opções que eu tenho para analisá-lo.

Veja que, quando da definição do objeto, se abrem dezenas de possibilidades de como abordá-lo. Cabe ao pesquisador o objeto e a forma como ele será tratado. A escolha de ambos deverá constar na justificativa do trabalho, sobre a qual falarei no capítulo 6. A decisão de como abordar o objeto está intimamente ligada à metodologia.

De todo modo, a escolha do objeto de pesquisa e de como ele será abordado pertence a quem fará a pesquisa. Em certa medida, é uma escolha discricionária e deverá levar em conta o desejo de pesquisar e aquilo que se tem em mãos. Nesse sentido, é uma ação política e social do pesquisador, pois é ele quem decide se vai pesquisar problemas relacionados aos índios, às mulheres, aos negros, aos europeus ou problemas que afetam outros grupos. Quando a estudante decide pesquisar violência doméstica ou pretores em Roma, ela faz uma escolha diante do mundo e daquilo em que ela quer investir seu tempo e sua formação.

É nesse momento também que as concepções de mudo vão influenciar a escolha do objeto – os conhecimentos teóricos, as ideologias, as vivências que a estudante tem na sociedade, entre outros fatores. Isso que não significa que a pesquisa servirá para provar ou alterar aquilo que ela quer. O resultado não depende apenas de quem faz a pesquisa, mas principalmente dos objetos que são encontrados no processo e na interpretação que é dada, sempre, a partir dos objetos. Nesse sentido, a estudante, quando escolhe o tema que toca, deverá buscar um olhar de pesquisadora para o objeto de pesquisa. Deverá procurar as referências e os diversos debates que circulam no tema. E não deverá excluir pensamentos e críticas que não corroborem com a sua tese. No processo de pesquisa, os opostos têm que conviver.

Escolhido o objeto, também é necessário definir o problema de pesquisa, ou seja, a pergunta que será feita. Obviamente, a pergunta deve estar relacionada ao material pesquisado preliminarmente e às dúvidas que surgiram naquela pesquisa inicial. Da mesma forma, deve ser pensado como a pergunta será respondida durante a pesquisa. Que elementos serão utilizados para procurar a resposta? Onde será procurada a resposta? Portanto, o problema, o objeto e a metodologia são elementos que devem ser pensados juntos e intricadamente. São temas que não podem ser pensados de forma separada pois um influencia o outro drasticamente.

De tudo que já escrevi aqui sobre o problema de pesquisa, volto a lembrar que a escolha deste, do objeto e, consequentemente, da metodologia está intimamente relacionada com questões pessoais e também institucionais da pesquisadora. Isto é, quais ferramentas, acessos, conhecimentos possui para analisar os temas em discussão.

Voltando ao exemplo da Lei Seca, se não possuo acesso aos processos judiciais, se não sei nem sequer o número de processos que existem, não posso pensar em usá-los. Primeiro, preciso fazer uma análise prévia. Se não detenho as técnicas de pesquisa, preciso saber se tenho condições e tempo para aprender. Se as detenho, preciso saber se terei acesso aos agentes públicos envolvidos ou se conseguirei acesso aos cidadãos atingidos diretamente pela lei. Também precisarei analisar se a amostra a que terei acesso é uma proporção justificável do universo total. É aí que talvez alguns conceitos básicos sejam necessários, e tomo a liberdade de incluí-los aqui: raciocínio indutivo e dedutivo. Ambos são escolhas metodológicas da pesquisa.

- Raciocínio indutivo é aquele que vai da premissa particular para a geral. Acontece quando se utilizam dados particulares e se tenta, a partir deles, construir constatações ou premissas gerais. É baseado na ideia de que é possível descrever hipoteticamente o todo conhecendo suas partes. Muitas pesquisas de opinião e pesquisas nas Ciências Sociais e Humanas são feitas segundo esse raciocínio.

- Raciocínio dedutivo é aquele que vai da premissa geral para a particular. Acontece quando o pesquisador parte de constatações gerais e acredita que elas podem ser válidas para pequenos grupos: "é o processo que faz referência aos dados de nossa experiência ou às normas e regras em relação a leis e princípios gerais e ao maior número de casos que a eles possam ser referidos[39]". Trata-se do tipo de raciocínio que parte das premissas gerais e tenta, hipoteticamente, encaixar a lógica nos casos

---

[39] GUSTIN, Miracy Barbosa de Souza; DIAS, Maria Tereza Fonseca. **(Re)Pensando a pesquisa jurídica**: teoria e prática. 2. ed. Belo Horizonte: Del Rey, 2006. p. 22.

particulares. É bastante utilizado em pesquisas que pretendem analisar características gerais de uma população ou de um grupo social. Geralmente, é aplicado em grandes pesquisas, que, com um número substancial de amostras, tentam descrever um grupo maior que o pesquisado.

Veja que os dois tipos de raciocínio se baseiam em possibilidade de generalização ou de individualização das amostras. A amostra, questão essencial daquele que fará a pesquisa, precisa ser muito bem definida.

5.1 A questão das amostras

Você já se perguntou como as grandes instituições de pesquisa, sejam públicas ou privadas, fazem as pesquisas de opinião? Como é que elas conseguem medir, com algum grau de confiança – lembro que pesquisas também erram –, como os brasileiros pensam e votam, por exemplo? Como é possível fazer uma pesquisa nacional?

Usualmente, essas instituições utilizam as amostras do Censo e de outros índices nacionais que são disponibilizados pelos entes estatais. Sabemos o número de moradores de uma cidade, a divisão por bairros, classes, sexo, profissões, entre outros dados. É claro que esses números não são infalíveis, mas, estatisticamente, podem gerar um grau de confiança muito grande nos dados. Partindo dessas informações, as pesquisadoras tentam reproduzir a amostra maior em um universo menor. Ou seja, reproduzir a porcentagem de homens e mulheres, de raça e assim por diante. Assim, as pesquisas de opinião, por exemplo, entrevistando algumas centenas de pessoas, buscam descrever como um universo maior pensa.

Trata-se do raciocínio indutivo. A escolha da amostra do pesquisador pode ou não usar essas técnicas, o que significa que, mesmo em uma amostra pequena, nós podemos ter uma ideia – que nunca será perfeita – do todo. Mas é claro que a pequena amostra não pode ser simplesmente aleatória, pois corre o risco de ser enviesada.

O tipo de amostra está intimamente relacionado com o tipo de pesquisa que será feito[40]. Em uma pesquisa empírica, como explicado no capítulo anterior, a amostra pode ser entrevista, documentos, sentenças, entre outros objetos disponíveis na pesquisa. Por isso, é sempre importante perguntar-se como será feita a investigação, como você tentará responder a pergunta. Os materiais usados, a sua amostra deverão ter relação com a possibilidade de resposta.

Se a qualidade do trabalho está intimamente relacionada a amostras ou fontes utilizadas, é fundamental ter uma noção de fontes primárias e fontes secundárias.

---

[40] Para conhecer os diversos tipos de pesquisa, sugiro: GIL, Antonio Carlos. **Como elaborar projetos de pesquisa**. 4. ed. São Paulo: Atlas, 2002. Com foco no Direito, indico: GUSTIN, Miracy Barbosa de Souza; DIAS, Maria Tereza Fonseca. **(Re)Pensando a pesquisa jurídica**: teoria e prática. 2. ed. Belo Horizonte: Del Rey, 2006.

As fontes primárias são aquelas diretamente relacionadas ao objeto de pesquisa. Já as fontes secundárias não são a análise direta, mas a análise através de outra pessoa. Os dois tipos são importantes para a pesquisa, mas ela é mais robusta quando preponderam as fontes primárias.

Talvez um exemplo possa ajudar: em uma pesquisa que procura entender como a polícia atua nos autos de resistência, as fontes primárias poderiam ser inquéritos policiais, entrevistas dos envolvidos, boletins de ocorrência, entre outras. As fontes secundárias seriam artigos, livros e pesquisas sobre o tema. Veja que ambas se complementam. Uma pesquisa deve possuir as duas, mas o uso apenas da secundária transformaria o trabalho em uma revisão bibliografia.

No caso de uma análise de como os livros de Teoria Geral do Estado conceituam a palavra "Estado", esses livros seriam as fontes primárias, e outros livros sobre o tema seriam as fontes secundárias[41].

---

[41] Tal pesquisa foi feita por ARAUJO, Danielle Regina

Perceba que não existe um rol com as fontes primárias e as secundárias. Elas são definidas de acordo com o objeto do trabalho e ditam, e muito, a qualidade da pesquisa que será feita.

Em um projeto de pesquisa, por exemplo, o rol das amostras ou as fontes das consultas devem ser descritos. Eles podem aparecer durante o texto ou na descrição do problema ou do objetivo da pesquisa. Nesse sentido, é fundamental deixar claro quais fontes já foram consultadas na pesquisa preliminar e quais serão pesquisadas durante a execução do projeto.

É comum projetos informando que a pesquisa será feita em "diversos tribunais" ou em "diversas decisões". Isso é um grave erro! Significa que não foi feita a pesquisa preliminar e que o autor do projeto não sabe o tamanho do objeto de pesquisa. Sendo assim, sempre recomendo que, no

---

Wobeto de; PEREIRA, Luis Fernando Lopes. O conceito de estado nos manuais de direito a na história: ventilando ideias. In: VESTENA, Carolina; SIQUEIRA, Gustavo (org.). **Direito e experiências jurídicas**: temas de História do Direito. Belo Horizonte: Arraes, 2013, p. 31-46.

projeto, estejam descritas as fontes já consultadas e que o autor demostre que já conhece em detalhes o objeto que pretende pesquisar.

Contudo, antes de terminar o item, lembro que as fontes também têm que ser plurais, pois a pluralidade enriquece o trabalho. Desse modo, entrevistas, reportagens, panfletos, pichações e diversos outros elementos podem servir para uma pesquisa jurídica, sendo muito mais plurais que as fontes tradicionais da área. Obviamente, o uso deve ser acompanhado de metodologias e conhecimento teórico do material.

Como o direito é elemento da vida das pessoas, o uso, por exemplo, apenas de fontes oficiais pode mostrar uma pesquisa distante do dia a dia das pessoas. Por isso, deve o pesquisador usar sua criatividade e seu esforço para encontrar outros elementos – se existirem – que não as fontes mais tradicionais.

Se a vida é plural, se o direito é parte da vida e se pretendemos buscar pesquisas que se aproximem do que é vivido, devemos, como pesquisadores, a todo momento, buscar outros elementos para a pesquisa jurídica[42].

5.2 Voltando ao "problema"

Como considero que o problema é o tópico mais importante da pesquisa, volto ao tema. Além de pensar o problema, a resposta a ele deve ser considerada. As duas questões andam juntas: qual é a sua pergunta? Como você pretende pesquisar para respondê-la?

A pergunta deve, logicamente, ser respondível e estar acessível aos conhecimentos do pesquisador. Logo, se o pesquisador não tem conhecimento de psicologia ou de psiquiatria, não deve fazer perguntas ou buscar métodos de resposta que exijam esses conhecimentos. Da mesma forma, a pergunta deve ser possível de ser conhecida. Perguntas que busquem a intimidade da

---

[42] Como exemplo, cito um trabalho no qual utilizei dicionários, jornais, panfletos de greves e processos judiciais para entender o fenômeno da greve no Brasil: SIQUEIRA, Gustavo Silveira. **História do direito de greve no brasil (1890-1946)**. Rio de Janeiro: Lúmen Juris, 2017a.

mente dos seres humanos ("Por que as pessoas traem?" ou "Como os juízes decidem?") podem envolver dificuldades para as quais, muitas vezes, os bacharéis em Direito não estão preparados. O que eu quero dizer é que a pergunta deve estar dentro dos conhecimentos técnicos, de vida, de experiência da pesquisadora. Ela já precisa ter explorado o campo, pesquisado o estado da arte e as questões que tangenciam o tema.

Nesse sentido, a pesquisadora deverá verificar se o seu tema é complexo o suficiente para o trabalho que pretende fazer. Deverá saber se, dentro das pesquisas que existem sobre o tema, a pergunta já foi feita, pesquisada ou debatida. Assim, poderá apresentar novas versões, novas pesquisas e talvez a execução de uma pergunta já feita em outros ambientes, em outros momentos históricos ou em outro espaço físico. Os exemplos dados dos capítulos anteriores, por exemplo, poderiam ser questionados ou confirmados por pesquisas feitas em outras cidades ou em outros momentos.

Aqui entra também a importância da orientadora ou da conversa com especialistas, que podem facilitar ao iniciante na pesquisa o acesso a debates e a materiais sobre o tema. São também os especialistas que poderão dizer se o tema tem a complexidade ou a problemática que a área discute. Daí a importância de conversar com pessoas da área. Explico: sou um professor de História do Direito e não tenho conhecimento, por exemplo, dos principais debates, autores e pesquisas em direito internacional. Dificilmente eu poderia analisar o conteúdo de uma tese nessa área. Eu posso analisar a metodologia, as fontes, como o trabalho foi feito, mas, por mais que eu conheça o básico, apenas um especialista pode estar a par dos debates que se fazem atualmente no campo.

Voltando ao problema, Antonio Carlos Gil lembra que ele deve ser claro e preciso: "com frequência são apresentados problemas tão desestruturados e formulados de maneira tão vaga que não é possível imaginar nem mesmo como começar a resolvê-los".[43] Como defendo que o problema deve vir acompanhado de como buscar as respostas, acredito que o pesquisador deva sempre fazer o exercício mental junto com aquilo que já encontrou na pesquisa preliminar, questionando-se sobre a sua pergunta e sobre como pesquisará para respondê-la.

Se a pergunta for muito simples, talvez nem requeira uma pesquisa. Se for muito complexa, talvez a inviabilize. A medida certa só pode ser encontrada em um exercício que a pesquisadora deve fazer consigo mesmo ou com a equipe com que trabalha. Obviamente, investigar em equipe facilita a construção de problemas e a realização de pesquisas.

O problema de pesquisa também deve ser isento de julgamento de valor e quiçá de adjetivos. Não cabe ao pesquisador decidir o que é bom ou ruim, certo ou errado, justo ou injusto. É a pesquisa que deve dar essas respostas – se for possível. Sendo assim, deve-se evitar problemas que

---

[43] GIL, Antonio Carlos. **Como elaborar projetos de pesquisa.** 4. ed. São Paulo: Atlas, 2002, p. 27.

perguntem se algo é bom ou ruim, feio ou bonito, justo ou injusto. O pesquisador não é legislador, não decide se as leis devem ser alteradas ou não.

Por mais que tenha sua concepção de mundo, suas vivências e seus preconceitos, também não cabe a ele decidir sobre o objeto pesquisado. São os dados, os documentos, as fontes pesquisadas que darão subsídios para a construção das respostas. Apesar de construir a conclusão da pesquisa, o pesquisador não controla o que encontra, e a sua conclusão sempre ficará restrita ao material. Por mais que faça a seleção dos dados, que interprete as fontes, ele não pode simplesmente fugir do que encontrou.

Da mesma forma que o pesquisador não é um legislador ou um gestor de políticas públicas, não cabe ao pesquisador descobrir o que é "melhor", "mais justo" ou mais "acertado" para determinada sociedade. Sua função é fazer pesquisa e manifestar-se a partir dos dados, é fornecer subsídios através de suas pesquisas, mas não decidir – e ele nem tem esse poder – quais são as melhores concepções de vida, de mundo e de direito.

Isso não quer dizer que eu acredite em uma pesquisadora isenta ou que a pesquisa não possa mudar o mundo. Pelo contrário, acredito que a escolha do objeto, do problema e de como pesquisar a resposta está intimamente ligada a questões individuais e singulares da pesquisadora. Da mesma forma, acredito que a pesquisa pode motivar a mudança quando é feita com critérios e quando demonstra as diversas possibilidades de determinado tema. Uma pesquisa não é um manifesto ou um cartaz de propaganda, mas uma outra construção humana que pode, em muitos momentos, contribuir para a mudança do mundo – tal qual manifestos ou cartazes.

Antonio Carlos Gil também afirma que os "problemas científicos não podem referir-se a valores[44]", mas isso não quer dizer que não se pode pesquisar os valores sociais de uma sociedade. A pergunta "o que é uma vida boa?" pode ser

---

[44] Ibidem, p. 28.

substituída por "o que é uma vida boa para os estudantes de direito da Universidade X, no ano Y?", por exemplo. Cabe ao pesquisador entender a sociedade da qual ele faz parte e compreender que suas concepções morais, religiosas e políticas não podem ser universalizadas para seu objeto de pesquisa. Como diria António Manuel Hespanha, cabe ao pesquisador escutar as fontes de pesquisas, entendê-las e, ao mesmo tempo, desconfiar delas[45].

5.3 Objetivo geral e objetivos específicos

O objetivo geral está intimamente ligado ao problema de pesquisa. No fundo, trata-se de procurar responder o problema de pesquisa seguindo os caminhos estabelecidos nos objetivos específicos.

Considerando que um projeto de pesquisa é um roteiro, um mapa de como fazer uma pesquisa, os objetivos específicos são os caminhos que serão

---

[45] HESPANHA, António Manuel. **Cultura jurídica europeia:** síntese de um milênio. Lisboa: Almedina, 2012.

percorridos para se chegar ao objetivo geral. São as tarefas que serão feitas para que se conclua o trabalho.

Um projeto compreensível, em que as tarefas que serão feitas descritas com precisão, auxilia muito a execução de uma pesquisa. Por isso, considero a elaboração do projeto a parte mais importante da pesquisa, e é por isso que ele exige uma pesquisa preliminar.

Para Miracy Gustin, o objetivo geral "refere-se ao produto final da pesquisa[46]", e os objetivos específicos, têm "natureza operacional", "eles se referem às operações que deverão ser realizadas durante a pesquisa para que, ao final de seu cumprimento, chegue-se ao produto pretendido, atingindo o objetivo geral[47]".

Imagine o seguinte problema de pesquisa: como o STF julgou a constitucionalidade do decreto nº 9.070 de 1946[48] entre 1946 e 1964? O

---

[46] GUSTIN, Miracy Barbosa de Souza; DIAS, Maria Tereza Fonseca. (Re)Pensando a pesquisa jurídica: teoria e prática. 2. ed. Belo Horizonte: Del Rey, 2006, p. 65.
[47] Ibidem, 66.

objetivo geral seria compreender como o STF julgou a constitucionalidade do decreto, ou seja, trata-se da ação geral da pesquisa, intimamente relacionada com o problema. Os objetivos específicos seriam: a) descrever como funcionava o controle de constitucionalidade no STF entre 1946 e 1964[49]; b) identificar as questões constitucionais que envolviam o decreto 9.070/1946 na época; c) fazer um levantamento das decisões do STF que analisaram a constitucionalidade do decreto; d) verificar o argumento levantado pelos ministros que defendiam a constitucionalidade e dos ministros que defendiam a inconstitucionalidade.

Como o objetivo geral da pesquisa é analisar o posicionamento do STF sobre o decreto, a pesquisa sobre os autores da época que se manifestavam sobre o tema, por exemplo, não entraria como um objetivo específico, mas poderia estar do item d, como uma forma de compreender

---

[48] Dispõe sobre o direito de greve.
[49] Com o devido cuidado para o trabalho não virar apenas uma pesquisa sobre o controle de constitucionalidade entre 1946 e 1964 – o que poderia ser uma outra pesquisa.

como o STF estava julgando no momento. Se o pesquisador, por outro lado, incluir a literatura da época como um objetivo específico, por perceber que o seu papel foi muito importante nos argumentos dos ministros, por exemplo, também terá que alterar o objetivo geral e o problema. Explico: os objetivos específicos devem levar necessariamente à resposta do problema. Se o objetivo criar desvios ou novas questões – o que é comum durante a pesquisa –, o objetivo geral e o problema devem ser alterados. Desse modo, traçando os objetivos de forma clara no início da pesquisa (ou na elaboração do projeto), o pesquisador poderá seguir o roteiro (projeto).

Em muitos casos, é possível verificar que os objetivos específicos acabam se tornando os capítulos da pesquisa, pois é justamente isso que os capítulos são: os passos necessários para informar o que foi pesquisado. Nesse sentido, quando a pesquisadora faz a pesquisa, é normal que vá alterando também o projeto e o seu roteiro. O projeto é algo provisório, que será alterado durante a pesquisa. Ainda assim, ele é fundamental e deve refletir o estágio da compreensão da pesquisadora sobre o tema num dado momento.

Um dos erros mais comuns dos projetos que já analisei são objetivos específicos que não têm relação direta com o objetivo geral ou que, muitas vezes, impossibilitam a pesquisa. Voltando ao exemplo anterior, a inclusão de um "histórico do controle de constitucionalidade no Brasil", de uma "história sobre o direito de greve no Brasil" ou de "um histórico do Brasil", em que pesem todas as críticas que já fiz aqui sobre o uso da história no Direito, tornaria a pesquisa muito mais difícil, isso quando não constituísse pesquisa autônoma. O que quero dizer é que, apesar de o objetivo específico ser uma pesquisa, não pode ser uma outra pesquisa, sem relação com o debate que é feito no objetivo geral. É óbvio que essa análise só pode ser feita caso a caso, por aquele que elabora a pesquisa, mas é fundamental estar atento para que os objetivos específicos sejam caminhos.

Algumas técnicas de pesquisas podem ajudar. Por exemplo, especificar nas considerações iniciais (ou introdução) qual será a limitação da pesquisa e porque determinados itens ou fontes foram escolhidos em detrimento de outros. É também na introdução do trabalho final que devem constar o problema, a metodologia, a hipótese preliminar, os passos dados (capítulos que eram ou não objetivos específicos) e a justificativa da pesquisa. A introdução é uma apresentação do trabalho. Sendo assim, ela deve apresentar porque ele foi feito, como ele foi feito e o que ele apresentou como resultado.

Portanto, a mensagem que eu gostaria de frisar é a necessidade de grande atenção aos objetivos específicos. É com foco neles que os avaliadores, por exemplo, conseguem saber se o candidato tem alguma noção do tema que ele pretende pesquisar ou se tem alguma noção de como pesquisar o tema.

Em seleções de mestrado e doutorado e em comitês que analisam o financiamento de projetos de pesquisa ou de iniciação cientifica, o objetivo geral e os objetivos específicos ganham destaque especial. É comum que os avaliadores primeiro observem os objetivos para depois analisarem o trabalho, tamanha a importância que os objetivos têm. Assim, posso dizer que os objetivos são a coluna vertebral do trabalho e o estudante deve ter preocupação especial com eles.

O motivo é claro: se a estudante tem um bom roteiro, é provável que já tenha uma pesquisa preliminar e saiba onde quer pesquisar. A ausência de bons objetivos, por mais interessante que o tema seja, pode indicar que ali existe uma boa ideia, mas ainda imatura para um projeto de pesquisa. Nesse sentido, a pesquisa preliminar e a construção de um projeto são os primeiros passos para aqueles que desejam ingressar, por exemplo, em um programa de pós-graduação.

6. METODOLOGIA OU COMO FAZER O TRABALHO

> Mas eu não posso deixar de dizer, meu amigo
> Que uma nova mudança em breve vai acontecer
> E o que há algum tempo era jovem novo
> Hoje é antigo, e precisamos todos rejuvenescer
>
> Belchior, "Velha roupa colorida"

O objetivo do presente capítulo é auxiliar os iniciantes na elaboração de um projeto de pesquisa. Considerando que o projeto é o roteiro para qualquer trabalho final (monografia, artigo, dissertação ou tese), acredito que aquele que aprende a montar um bom projeto consegue, com facilidade, elaborar a pesquisa. Pedras no caminho, desvios e dificuldades obviamente vão aparecer no percurso, mas quem tem um bom projeto consegue com mais facilidade alcançar o final da pesquisa, seja qual for o resultado.

6.1 Como ler um livro? Ou como entender que revisão bibliográfica não é pesquisa

Na faculdade de Direto, poucas vezes recebi instruções de como ler um livro, o que procurar ou o que fazer com as informações que existiam ali. Pretendo dar algumas sugestões aos leitores e demonstrar que uma simples revisão bibliográfica não é uma pesquisa. A revisão bibliográfica pode e deve ser uma pesquisa preliminar, como já falamos anteriormente, mas ela não é uma pesquisa em si. Tentarei deixar isso mais claro em algumas linhas. Primeiro falarei um pouco do processo de leitura.

O primeiro passo é selecionar os livros que importam para sua pesquisa. Iniciada a leitura, eis algumas perguntas que você deve fazer ao livro:

1. Quem é o autor? Em qual contexto ele escreve?
2. Qual é a pergunta principal do livro? Qual é a discussão principal?
3. Qual é o objeto da pesquisa?

4. Quais as provas (fontes) que o autor usa para responder à pergunta? Ele usa apenas opiniões?
5. Qual é a metodologia utilizada? Ela é compatível com as perguntas do livro?
6. Que correntes teóricas que corroboram o autor? Quem ele critica?
7. Quais perspectivas estão presentes no trabalho?
8. Que vozes/argumentos foram silenciados/desconsiderados no processo de pesquisa?

A anotações dessas questões pode facilitar a compreensão ou a crítica feita a qualquer livro, além de ajudar o leitor a preparar resumos ou fichas de leitura – assim, você não precisa ler novamente o que já leu – e a elaborar seu próprio trabalho.

Se você não encontrar todas as respostas no livro, não se preocupe: o problema pode estar na metodologia da obra. O uso das questões pode servir como um guia, um auxílio à leitura dos livros e à elaboração dos trabalhos. Também sugiro utilizar partes das perguntas acima como roteiro para apresentação de trabalho, pois elas contêm os elementos essenciais que precisam ser explicados aqueles que assistem à uma apresentação de uma pesquisa.

Considerando que um projeto de pesquisa é o plano de execução do trabalho final, a pesquisa é a execução do projeto. É por isso que acredito que quem sabe fazer um projeto de pesquisa escreverá seu trabalho de maneira muito mais fácil.

Usualmente, os estudantes e pesquisadores do Direito trabalham muito com livros. Já ouvi dizer que os livros são as principais forma de pesquisa e do ensino do direito. Discordo. Os livros, embora muito importantes, são uma parte preliminar na pesquisa. Por meio dos livros (e artigos e teses), o pesquisador conhecerá o estado da arte da pesquisa, ou seja, o que se escreve sobre o tema, as principais discussões, as principais controvérsias. É uma parte importante da pesquisa preliminar, mas não constitui a totalidade da pesquisa em si. O que eu quero dizer com isso?

Para que fique bem claro: a simples repetição do que os outros autores já fizeram não é pesquisa, é revisão bibliográfica. A revisão bibliográfica que possibilita conhecer o estado da arte de determinado tema é muito importante, mas não é a pesquisa, é a simples repetição do que os outros autores já fizeram. A pesquisa em si é baseada em uma superação das questões apresentadas, o teste de hipóteses, a discussão de novos casos, entre outros elementos.

Logo, o primeiro passo de quem quer pesquisar é conhecer o que já foi escrito e publicado sobre o tema. Essa revisão é uma fase fundamental, mas ainda não é a pesquisa em si. Da mesma forma que o pré-jogo não é o jogo de futebol. São coisas diferentes, mas ambas são importantes. Por isso, se determinado trabalho é a simples repetição do que diversos autores já escreveram, não podemos dizer que ali temos pesquisas. Podemos ter uma excelente revisão bibliográfica, que, em temas complexos, é muito importante e necessária, mas não podemos confundir as duas modalidades.

Neste sentido, considero que o trabalho preliminar de pesquisa é pressuposto essencial para a elaboração execução do projeto. É óbvio que, durante a pesquisa, novos livros serão lidos e encontrados, mas o que quero defender é que a pesquisa preliminar deve ser densa e ser um amplo mapeamento do problema. Só assim ela poderá fornecer bons subsídios para um bom projeto.

A seguir, seleciono os principais itens de um projeto de pesquisa. Geralmente, são os itens que constam em editais de cursos de pós-graduação e editais de fomento de pesquisa. Em geral, as instituições decidem quais itens desejam ter. Em algumas instituições da Europa e dos Estados Unidos, o projeto pode ter no máximo cinco páginas. Já as instituições de fomento brasileiras costumam pedir entre 10 e 15 páginas por projeto. Logo, a objetividade é fundamental. É necessário ser conciso e demonstrar que a pesquisa preliminar já foi feita e que você sabe para onde quer ir com o problema.

6.2 Tema-problema

Como já foi dito, o problema é a pergunta da pesquisa. O tema é uma relação entre o objeto, o problema e o assunto que se deseja pesquisar. É a explicação da pesquisa em sentido amplo, sem as delimitações específicas do problema. A explicação do tema e do problema (ou situação-problema) ocorre no mesmo item, sendo o tema uma introdução mais ampla da pesquisa e o problema a coluna central da pesquisa em si.

Não existe uma regra única para informar as fontes que serão utilizadas na pesquisa. Sempre sugiro que elas sejam descritas logo no início do projeto, para que o leitor tenha, já no começo do texto, noção do que foi e será pesquisado.

6.3 Justificativa

Trata-se do motivo pelo qual a pesquisa deve ser feita. Nessa parte, também sugiro que se descreva a relevância da pesquisa proposta. A justificativa tem relação íntima com o estado da arte (descrito a seguir) e deve conter a inovação da pesquisa. A relevância social, jurídica, econômica, histórica etc. que o tema tenha também deve ser especificada. Em que a pesquisa contribuirá para a sociedade? Qual a relevância da pesquisa diante do que já se produziu sobre o tema?

De uma forma ou de outra, todas as pesquisas são financiadas pela sociedade, por isso é importante escrever, na justificativa, o motivo pelo qual a pesquisa deve ser financiada, mesmo que não se trate de financiamento direto. Isso vale especialmente para todos que pesquisam em universidades públicas, mas também para as instituições privadas. As universidades privadas, por exemplo, recebem bolsas de estudos e financiamentos do governo, da mesma forma que seus professores pesquisadores.

No Brasil, o governo federal e os governos estaduais e municipais financiam pesquisas em instituições públicas e privadas. Em razão disso, é difícil considerar que uma pesquisa no Brasil não tenha, em algum nível, financiamento público. Informar o motivo e a relevância da pesquisa é, então, questão de transparência.

6.4 Hipótese

A hipótese é a resposta preliminar à pergunta, baseada nos dados que a pesquisadora já tem em mãos. Considerando que a pesquisadora já fez uma pesquisa preliminar antes (ou durante) a elaboração do projeto, ela poderá, quando necessário, apontar uma hipótese de pesquisa. A hipótese será testada durante a pesquisa, que verificará se a aquela inicial é comprovada ou não.

Os estudantes constantemente se perguntam se é "ruim" quando a hipótese inicial não é confirmada. Pelo contrário, a não confirmação da hipótese é indício forte de que uma pesquisa foi feita, que algo novo foi descoberto, que alguma visão de mundo se alterou. A pesquisa não é um jogo ou uma disputa na qual uma parte perde e outra ganha. Falhas, mudanças de posições, descobertas e surpresas são normais em um processo de pesquisa. Sinceramente, prefiro uma pesquisa que teve uma hipótese não confirmada a uma pesquisa que confirmou sua hipótese.

Volto a frisar que não é possível elaborar um projeto de pesquisa sem uma pesquisa preliminar. A hipótese, no fundo, também acaba sendo a verificação desta, e a pesquisa, de fato, é um teste da hipótese do projeto. Portanto, não é possível construir uma hipótese sem conhecer minimamente o objeto de pesquisa. Ou seja, sem pesquisa preliminar, não existe um bom projeto, e, sem esse, não existe uma boa pesquisa.

Resumindo, a pesquisa precisa ter uma relação íntima e direta com o problema de pesquisa, e a hipótese é a resposta preliminar, baseada na pesquisa preliminar, desse problema.

6.5 Objetivos

Já escrevi sobre o objetivo geral e os objetivos específicos anteriormente. Mas quero destacar a relação do objetivo geral com o problema e dos objetivos específicos com as tarefas que serão percorridas pelo pesquisador. Também quero reforçar que, eventualmente, uma pesquisa pode ter duas perguntas-problema. Nesse caso, serão também plurais os objetivos gerais. Não acho que seja impossível, mas acredito que isso torna a investigação mais ampla e mais complexa. Obviamente que quem está começando na pesquisa em Direito deve tentar deixar o plano de trabalho, cujos objetivos são centrais, o mais sucinto e direto possível.

6.6 Metodologia

Item obrigatório de todo projeto de pesquisa. Segundo Ricardo Marcelo Fonseca, metodologia "diz respeito aos passos a serem dados pelo cientista no processo de constituição do seu saber". Isso quer dizer que, como o pesquisador "selecionará as fontes, o modo de abordá-las e lê-las, o modo de classificá-las e organizá-las", "a metodologia é uma espécie de passo a passo, é o caminho que se faz para ter um resultado[50]". Dessa maneira, não existe trabalho acadêmico sem descrição da metodologia.

Uma das maiores dificuldades dos estudantes que iniciam as pesquisas em Direito é descrever a metodologia. Geralmente, essas dificuldades refletem as omissões dos trabalhos consultados, que não descrevem ou não têm metodologia. O mesmo ocorre com grande parte dos manuais de direito. Mas a metodologia não deve ser vista como uma barreira insustentável. É a sua existência que muitas vezes diferencia um trabalho de pesquisa de uma opinião.

Os atos metodológicos da pesquisa devem estar descritos ou ter íntima relação com os

---

[50] FONSECA, Ricardo Marcelo. **Introdução teórica à história do direito.** Curitiba: Juruá, 2009, p. 29.

objetivos específicos. Sim, a metodologia é a realização de tarefas que costumam estar descritas nesses objetivos. São as ações que serão feitas com as fontes de pesquisa, a comparação com a revisão bibliográfica, a investigação em si e diversas ações relacionadas ao objeto. Assim, é possível notar que todo o projeto de pesquisa está entrelaçado. Problema, objetivo geral, objetivos específicos, metodologia: o processo é uma conexão desses elementos.

O estado da arte faz parte da metodologia, pois as ações de pesquisas têm relações diretas com eles. A pesquisa inicia dialogando com aquilo que já foi escrito. Ou melhor, ela nasce dentro do debate de uma área, querendo testar, discutir ou problematizar autores e tema.

Da mesma forma, dentro da metodologia, estão os pressupostos conceituais, as teorias, os raciocínios, as abordagens e o marco teórico que serão utlizados na pesquisa. Todos esses elementos fazem parte da metodologia do trabalho, pois o como fazer está intimamente ligado com as ações de pesquisa, mas também com as teorias e com os conceitos que dialogam com o autor.

6.6.1 Pressupostos conceituais e marco teórico

Durante a elaboração da pesquisa, em especial, nas pesquisas jurídicas, são necessários conceitos, e, muitas, vezes, não é intenção da pesquisa ficar debatendo cada conceito. O pesquisador já parte de um conceito de Estado, de direito, de família, entre outros. Se esse conceito não será debatido, mas tem importância para a pesquisa, deve ser elencado no projeto como pressuposto conceitual. Ou seja, é um conceito que a pesquisa utilizará, mas que já foi debatido por diversos autores e o pesquisador o "utilizará". É óbvio que a "adesão" de qualquer pressuposto levará consigo as críticas que o conceito tem, mas isso faz parte de toda pesquisa.

Ou seja, quando o pesquisador não debate determinados conceitos da pesquisa e já parte de uma pressuposição, eles deverão ser elencados como pressupostos conceituais. Isso também se aplica a teorias ou chaves conceituais, as ferramentas teóricas que serão utilizadas pelo pesquisador[51].

Marco teórico é a concepção que o pesquisador pode utilizar para fazer sua pesquisa. É uma ideia que, de certa forma, perpassa todo o trabalho – por exemplo, determinada concepção de democracia, de Estado de direito ou de direito, que o autor da pesquisa utiliza como referência. A escolha do marco teórico, assim como dos pressupostos conceituais, precisa ser justificada e explicada pelo pesquisador.

Se a metodologia, em sentido amplo, significa como fazer o trabalho, os pressupostos conceituais são os conceitos utilizados nele, e o marco teórico é a teoria que embasa a pesquisa. Quando elabora uma pesquisa jurídica, por exemplo, o pesquisador tem uma concepção de Estado de direito que pode estar embasando a forma como ele analisa os objetos. É claro que, em

---

[51] Ibidem, p. 29.

outros momentos, o conceito Estado de direito pode ser um pressuposto conceitual. O que vai definir a posição dele nas pesquisas são as funções que ele representará em cada caso. Ele será simplesmente um conceito ou existe uma ideia de Estado de direito que influencia toda a pesquisa?

Como o marco teórico é uma ideia, cabe àquele que pesquisa compreender qual é a ideia que melhor reflete sua visão/concepção sobre o objeto de pesquisa. Assim, a estudante deve deixar manifesto na pesquisa o seu entendimento do marco teórico e dos seus contornos.

O marco teórico não é uma corrente de pensamento, mas um pensamento que pode estar dentro de uma corrente ou de uma obra isolada. Trata-se de uma concepção que a pesquisadora usa na pesquisa. É importante lembrar que a escolha do marco também é escolha discricionária do autor e obviamente deverá ser justificada.

Muitas vezes, o marco teórico não pode ser facilmente percebido em uma pesquisa ou o discente não consegue notar sua clara utilidade. O marco teórico pode estar escondido através de pressupostos que o discente pense que são seus, e não da pesquisa. As concepções que temos sobre o mundo são baseadas em pensamentos e teorias, e elas influenciam fortemente o que e como pesquisamos. Então, por mais que esteja escondido ou que a utilidade não seja claramente perceptível, ele é importante e deve ser coerente e adequado ao objeto de pesquisa que será analisado.

    O discente pode encontrar dificuldade em descrever o seu marco teórico ou pensar que sua pesquisa não o tem, mas a tarefa, no fundo, é uma procura pelas concepções teóricas que influenciam e tocam o pesquisador. Acredito que uma pesquisa possa dialogar com mais de um marco teórico, o que efetivamente dificultará o trabalho, mas não o inviabilizará. O que é importante é que o pesquisador conheça bem os marcos e não permita que eventuais contradições entre os autores tornem a investigação confusa ou incoerente. Ou seja, quando um pesquisador utiliza vários autores, deve estar atento às contradições e às diferenças teóricas entre eles. É preciso ter cuidado com a utilização de mais de um marco, para evitar um olhar superficial que busca equivalências quando diferentes autores usam as mesmas palavras em contextos distintos, como já discutimos no capítulo sobre a história dos conceitos.

Não vou discutir noções como positivismo, marxismo, materialismo histórico, teorias sistêmicas, empirismo, Escola de "Annales" ou qualquer outra que possa ser usada como marco teórico ou que contenha qualquer conceito que seja utilizado como pressuposto. A função deste livro não é ensinar teorias, estas devem ser pesquisadas e discutidas em livros específicos. Parto da premissa de que a pessoa interessada em iniciar uma pesquisa já tem conhecimento básico das teorias que pretende utilizar. Caso contrário, deve voltar ao estudo preliminar antes de elaborar o projeto.[52]

---

[52] Sobre as principais escolas do pensamento jurídico, vide HESPANHA, António Manuel. **O caleidoscópio do direito**: o direito e a justiça nos dias e no mundo de hoje. Lisboa: Almedina, 2009, HESPANHA, António Manuel. **Cultura jurídica europeia:** síntese de um milênio. Lisboa: Almedina, 2012 e FONSECA, Ricardo Marcelo. **Introdução teórica à**

6.6.2 Estado da arte

Trata-se do que já foi produzido sobre o tema ou sobre o problema. Nesse item, a pesquisadora deve demonstrar que conhece os debates atuais, as principais discussões e os clássicos. É, de certa forma, uma revisão bibliográfica, uma demonstração de que se conhece o campo de pesquisa e de que a pesquisa que será feita inova dentro desse campo.

Aqui, a pesquisadora deve tomar cuidado para não passar páginas e páginas simplesmente repetindo o que outros autores já escreveram. É fundamental mostrar que conhece, mas sem estender muito. Lembre-se de que as páginas são limitadas e a objetividade é fundamental.

É essencial perceber que o valor da pesquisa existe no argumento, e não na pessoa. Pouco importa que o autor é ministro do STF, as ideias sempre devem ser criticadas e colocadas à

---

história do direito. Curitiba: Juruá, 2009.

prova. A pesquisa não pode aceitar autores inquestionáveis ou o chamado "reverencialismo", tão comum em trabalhos jurídicos, como aponta Luciano Oliveira[53]:

> um outro traço bastante encontradiço, e a ser a todo custo evitado – por ser ostensivamente anti-científico –, é o chamado argumento de autoridade. Contaminação talvez do estilo adotado no foro, onde é preciso convencer o juiz de que se está com o melhor direito (e portanto com a melhor doutrina...), trata-se de um verdadeiro "reverencialismo" expresso em fórmulas do tipo "como preleciona fulano de tal", "segundo o magistério de sicrano", etc., típico de advogados preocupados antes em convencer com apelos a uma retórica "coimbrã" do que em demonstrar com dados cuja força decorra própria exposição. **Definitivamente, é preciso que os juristas se convençam de que, ao escreverem um**

---

[53] OLIVEIRA, Luciano. Não fale do código de Hamurabi! A pesquisa sociojurídica na pós-graduação em Direito. In: OLIVEIRA, Luciano. **Sua Excelência o Comissário e outros ensaios de Sociologia Jurídica**. Rio de Janeiro: Letra Legal, 2004. p. 137-167.

> trabalho acadêmico, não podem tratar suas hipóteses de trabalho como se tivesse defendendo causas[54].

Muitas pessoas perguntam como devem começar a pesquisa preliminar. Bem, ela começa na biblioteca, nos livros básicos; depois, avança para artigos especializados, teses e dissertações sobre o tema.

Listo a seguir lugares que podem auxiliar na pesquisa. Começo citando a principal biblioteca do Brasil, a Fundação Biblioteca Nacional, que também disponibiliza periódicos on-line através da Hemeroteca Digital. Além disso, há outros caminhos: o Google Scholar, a Biblioteca Digital Brasileira de Teses e Dissertações, a Biblioteca do Senado, o portal HeinOnline, o portal JSTOR, o Portal de Periódicos Capes, a plataforma SciELO, entre outros.

É fundamental analisar a seriedade e a confiabilidade de onde se coletam as informações.

---

[54] Ibidem, p. 144, grifo meu.

As fontes estão inerentemente ligadas à qualidade do trabalho. A conversa com o orientador e com especialistas no tema de pesquisa auxilia no conhecimento dos principais veículos de divulgação de determinada área de pesquisa. Algumas instituições são referências em certos temas, e a consulta aos seus bancos de teses e dissertações pode contribuir com o acesso a pesquisas mais recentes, por exemplo.

Obviamente, a internet também é uma importante fonte de pesquisa. Grande parte dos portais descritos disponibiliza gratuitamente artigos e pesquisas on-line, mas é necessário cuidado, pois a pesquisadora é responsável pelas informações que divulga e pelas conclusões que faz. Sendo assim, verificar a confiabilidade da fonte, como um investigador faz, é tarefa daquele que pesquisa. Não é à toa que, em Portugal, se usa o termo "investigação" para referir-se à pesquisa. Quem pesquisa deve, literalmente, investigar o tema.

6.6.3 Variáveis e indicadores

Como grande parte do projeto, variáveis e indicadores são itens que só podem ser feitos após a pesquisa preliminar.

Variáveis são elementos que podem alterar o resultado das informações e o resultado da pesquisa. São uma espécie de "botões de controle", que, se alterados, modificam o resultado. Em uma pesquisa sobre sentenças judiciais, por exemplo, o juiz, o tipo de crime, o sexo da vítima e o local do crime podem ser algumas das variáveis. Já nas pesquisas do Instituto Brasileiro de Geografia e Estatística (IBGE), sexo, classe social, nível de escolaridade são variáveis. Ou seja, são informações que podem levar a diferentes resultados se analisadas separadamente. Portanto, quando isolamos uma variável, podemos ter um resultado diferente. Nesse sentido, as variáveis só podem ser construídas após uma pesquisa preliminar, pois a pesquisadora precisa ter uma noção mínima para especificá-las. Durante o processo de pesquisa, é comum que elas ganhem contornos diferentes e se alterem.

Podemos extrair algumas variáveis do exemplo hipotético a seguir:

- **Problema:** Qual o perfil dos cidadãos julgados pela prática do crime de tráfico de drogas em sentenças condenatórias proferidas pelo Tribunal de Justiça do Estado do Rio de Janeiro, no ano de 2019, e qual sua relação com os anos de condenação/absolvição?
- **Possíveis variáveis:** classe social; turma criminal ou pleno do tribunal; desembargador(a) relator(a); advogado da parte; nível de escolaridade; gênero do(a) condenado(a); raça social do réu.

Ou seja, variáveis são elementos que podem alterar o resultado das informações. Se a classe social interferir no resultado, trata-se de uma variável.

Por sua vez, os indicadores são os componentes utilizados para construir as variáveis.

No caso da classe social, os indicadores seriam os elementos utilizados para definir classe social: renda, local de moradia, capital cultural, social, trabalho, entre outros.

Como este é um livro de introdução à pesquisa, não discutirei os diversos tipos de variáveis, pois acredito que a noção básica é suficiente para uma pesquisa jurídica.[55]

6.6.4 Tipos de pesquisa

Existem dezenas de tipos de pesquisa. A preocupação que tenho aqui é com a pesquisa que é feita pelos estudantes de direito. Assim, as qualidades essenciais das pesquisas que discuto

---

[55] Para conhecer uma pesquisa que usa indicadores e variáveis, sugiro: CERQUEIRA-SANTOS, Elder; SANTANA, Geovanna. Adoção homoparental e preconceito: crenças de estudantes de Direito e Serviço Social. **Temas em Psicologia**, Ribeirão Preto, v. 23, n. 4, p. 873-885, 2015. Para maior informações sobre os tipos de variáveis, indico: GUSTIN, Miracy Barbosa de Souza; DIAS, Maria Tereza Fonseca. **(Re)Pensando a pesquisa jurídica:** teoria e prática. 2. ed. Belo Horizonte: Del Rey, 2006., p. 73-82; e MARCONI, Marina de Andrade; LAKATOS, Eva Maria. **Técnicas de pesquisa**. 5. ed. São Paulo: Atlas, 2002. p. 24-35.

neste livro são pesquisas da qual o fenômeno jurídico é parte essencial.

O tipo de pesquisa está diretamente ligado à metodologia e às fontes que serão utilizadas. Isto é, se a pesquisa será histórica, a metodologia deverá levar em conta o problema histórico e as metodologias da história.

O que importa nesses itens, de fato, não é tentar colocar as pesquisas em caixas determinadas, mas auxiliar aqueles que iniciam no processo a encontrar referências que possam contribuir para o aprendizado. Pessoalmente, acho que as classificações tentam reduzir a realidade para criar modelos que, muitas vezes, não existem. Entretanto, cito os modelos com finalidade didática.

Já descrevi, no capítulo 4, as pesquisas empíricas. Existem diversos tipos de pesquisa que analisam o direito. De fato, acredito que a pesquisa empírica seja uma forma de fazer pesquisa, muito mais que um tipo. Assim, ela seria um grande grupo, no qual todas as pesquisas abaixo, ou quase todas, poderiam ser feitas. No outro lado, em oposição à pesquisa empírica, estariam as pesquisas teóricas no Direito.

Pessoalmente, acredito que as pesquisas teóricas são as mais difíceis. O primeiro passo para entender o que é uma pesquisa teórica é entender o que ela não é: não é uma simples revisão bibliográfica, não é uma pesquisa empírica, não é uma mera opinião. Uma pesquisa teórica pretende discutir um problema a partir de discussões já estabelecidas. Ela parte de um problema teórico, de uma pergunta não facilmente respondida e tenta, através de argumentos do pesquisador e das obras em discussão, chegar a uma resposta.

Em razão disso, os tipos abaixo poderiam ser aplicados para as pesquisas empíricas e, em alguns casos, para as pesquisas teóricas no direito. O rol será meramente exemplificativo, e indicarei obras que podem auxiliar aqueles que desejam se aprofundar nos temas.

6.6.4.1 Estudo de caso

É o tipo de pesquisa que pretende se debruçar sobre um caso específico. Exige do pesquisador uma multiplicidade de fontes sobre o mesmo objeto. Dessa forma, com diferentes tipos de fonte, analisam-se as diversas impressões, manifestações, discussões e experiências em torno de determinado caso. É um tipo de pesquisa importante na formação dos estudantes, pois possibilita àquele que inicia uma visão ampla e plural sobre o mesmo objeto: "é encarado como o delineamento mais adequado para investigação de um fenômeno contemporâneo dentro de seu contexto real[56]".

O estudo de caso permite analisar os detalhes menos aparentes de um fenômeno jurídico e pode facilitar a compreensão mais complexa dos acontecimentos em torno dele.

---

[56]GIL, Antonio Carlos. **Como elaborar projetos de pesquisa**. 4. ed. São Paulo: Atlas, 2002, p.54.

É comum os pesquisadores de Direito estudarem casos em que o Estado se manifestou, pois o processo judicial ou o processo administrativo podem trazer novos elementos ao debate. Mas não são apenas nessas situações que a pesquisa pode ser feita. Estudos de greves, manifestações, centros populares de autocomposição de conflitos, de comunidades indígenas ou quilombolas podem carregar complexidades jurídicas que, muitas vezes, não chegam a ser debatidas nos órgãos oficiais do Estado. Por isso, dentro da ideia de estudo de caso, o processo judicial ou administrativo, por exemplo, é apenas uma parte da complexidade das relações humanas em torno do direito.

Por isso, o estudante de Direito deve estar atento aos diversos fenômenos que, muitas vezes, não são percebidos ou descritos por processos oficiais. Em pesquisas históricas, por exemplo, é comum que os pesquisadores desconfiem das decisões judiciais e busquem outros elementos para compreender as experiências jurídicas naquele período. Em muitos casos, as movimentações sociais podem dizer mais do exercício de um direito do que as movimentações oficiais do Estado[57].

6.6.4.2 Análise de sentenças e análise de processos

A análise de sentenças preocupa-se em analisar as sentenças judiciais ou administrativas. Neste tipo de pesquisa, a preocupação principal é entender como se decidiu. Quais os argumentos, quais as contradições ou repetições, por exemplo. É o tipo de pesquisa que pode ser feita de forma qualitativa ou quantitativa. Obviamente, dependendo da quantidade de material, ou seja, de sentenças, que a pesquisadora pretende analisar.

---

[57] Sugestões para quem deseja pesquisar no tema: a) estudo de casos e direito: CASTRO, Janaína Vieira de; PASQUALETO, Olívia de Quintana Figueiredo. Estudo de caso sobre a decisão judicial que proibiu o pagamento de salário por produção na indústria de cana-de-açúcar do interior paulista. **Revista de Estudos Empíricos em Direito**, São Paulo, v. 4, n. 1, p. 160-175, 2017; b) estudo de casos: YIK, Robert. **Estudo de caso**: planejamento e métodos. Tradução de Daniel Grassi. 5. ed. São Paulo: Bookman, 2015.

Esse tipo de pesquisa é comum quando se desejar entender, por exemplo, como determinado tribunal julga, quais são as suas contradições, como ele entende a aplicação de determina lei.[58]

Já a análise de processos faz uma investigação sistêmica do processo, não se atendo apenas a decisão judicial. É uma pesquisa diferente, pois a sentença passa ser apenas um elemento dentro dos outros. As petições, os laudos, os testemunhos passam a ser elementos que serão analisados pelo pesquisador.

É um tipo de pesquisa interessante, pois ajuda a entender todo o processo e como aquela pluralidade de pessoas se manifestou e produziu documentos e informações.

Como decidir que tipo de pesquisa fazer? Isso vai depender da complexidade do material, da

---

[58] Um ótimo exemplo deste tipo de pesquisa: SILVA, Vanessa Ramos da; CARLOS, Paula Pinhal de. Violência de gênero e Tribunal de Justiça do Rio Grande do Sul: usos e percepções sobre gênero segundo o discurso dos desembargadores e das desembargadoras e reflexos na aplicação da Lei Maria da Penha. **Revista de Estudos Empíricos em Direito**, São Paulo, v. 5, n. 1, p. 49-66, abr. 2018.

quantidade de informações, questionamentos e do problema de pesquisa. Cabe ao pesquisador analisar previamente o material e decidir, após a análise prévia, como irá fazer a pesquisa.

Acredito que a análise de sentenças e de processos podem contribuir, em muito, para entendermos como as leis são aplicadas e vivenciadas no nosso país. É um tipo de pesquisa empírica que pode ser mais acessível aos estudantes de direito e que pode contribuir para reflexão crítica e melhoramento das nossas instituições.

6.6.4.3 Direito comparado

É o tipo de pesquisa que compara institutos jurídicos de dois países, o que é difícil, pois exige um amplo conhecimento das instituições, da história, das línguas e dos significados de dois Estados. Usualmente, é feita por pesquisadoras com experiência internacional e com intercâmbio acadêmico nos países. Também exige técnicas e metodologias específicas.

Como já trabalhei o uso do direito comparado no terceiro capítulo do presente livro, uso o presente item para lembrar que a pesquisa em direito comparado, pela sua complexidade, não pode ser apenas uma parte de um trabalho. Ela é o trabalho todo. Explico melhor: um estudante que pretende analisar questões de gênero nas Cortes Supremas deve escolher se faz uma análise comparada entre dois países ou se faz apenas sobre um. O direito comparado não é um objetivo específico para se estudar o gênero nas Cortes brasileiras. Isto é, ou a pesquisa é exclusivamente sobre direito comparado ou ela não deve tocar nesse item. A afirmação pode parecer um pouco rigorosa, mas acredito que deva ser assim pela complexidade da pesquisa de direito comparado.

Portanto, o direito comparado não é um capítulo ou um adendo ao trabalho final de pesquisa. Ele é a pesquisa. A mania de citar países, sem critérios, como se estivessem em uma roleta russa ou como se servissem para confirmar a hipótese do pesquisador, é um grave erro nos trabalhos jurídicos[59].

6.6.4.4 Estudos de processos

A análise de processos pode ser uma forma de análise de casos, mas a pesquisa pode ser dedicar a analisar apenas os processos (judiciais ou administrativos, por exemplo).

Uma das principais formas de estudar a aplicação de uma lei é através de processos judiciais e administrativos. São neles que podemos comparar o que o texto legal prevê com a atuação de gestores públicos, juízes, advogados e

---

[59] Sugestões para quem deseja se aprofundar no tema: a) Direito Comparado, transplantes jurídicos e empréstimos legais: ANDRADE NETO, João. **Borrowing Justification for Proportionality**: on the influence of the Principle Theory in Brazil. Heidelberg: Springer, 2018. b) Direito Comparado: BRADLEY, Curtis (org.) **Oxford Handbook of Comparative Foreign Relations**. Oxford: Oxford University Press, 2020 e QUEIROZ, Rafael Mafei Rabelo; FEFERBAUM, Marina. **Metodologia da pesquisa em Direito**: técnicas e abordagens para elaboração de monografias, dissertações e teses. 2. ed. São Paulo: Saraiva, 2019.

promotores. O estudo de processos – que são documentos históricos – possibilita àquele que pesquisa entender as discutas e controvérsias em torno de determinado dispositivo legal.

Fabiana Oliveira e Virgínia Silva chamam a atenção para a riqueza que o estudo dos processos judiciais pode conter. As relações de poder, o entendimento do processo como uma narrativa, as interpretações e as relações com outras decisões são elementos que podem ser extraídos da análise das sentenças[60].

Em alguns momentos, o estudo pode vir acompanhado de um estudo dos personagens envolvidos: quem eram eles naquele momento político e histórico? Será que a decisão/petição/parecer foi coerente com outros trabalhos daquele autor?

A fase de execução do processo também pode trazer elementos importantes para análise. A

---

[60] OLIVEIRA, Fabiana Luci de; SILVA, Virgínia Ferreira da. Processos judiciais como fonte de dados: poder e interpretação. **Sociologias**, Porto Alegre, ano 7, n. 13, p. 244-259, jan. 2005.

decisão foi cumprida? Quais capítulos de sentença não foram executados? Sobre quais direitos a decisão era líquida e quais eram indicados para posterior liquidação? Quais os impactos disso na garantia dos direitos? Essas e outras perguntas podem nortear a pesquisadora. É importante ter em mente que pesquisar processos não equivale a meramente estudar decisões judiciais. Não só a fase de conhecimento, mas também a execução informa sobre o Direito, a sociedade e os direitos que se tem.

O estudo de processos abre um campo imenso de possibilidade. As pesquisas podem focar em apenas um processo, assemelhando-se a um estudo de caso, ou em diversas decisões, tentando analisar a coerência, os argumentos, o comportamento daqueles que atuam nos processos[61].

---

[61] Sugestões para quem deseja se aprofundar no tema: CÂNDIDO, Thais Cristina; IFANGER, Fernanda. A política criminal realizada pelo Poder Judiciário: uma análise da aplicação do princípio da insignificância nos crimes de furto julgados pela cidade de Campinas - SP. **Revista de Estudos Empíricos em Direito**, São Paulo, v. 5, n. 2, p. 9-25, ago. 2018.; OLIVEIRA e OLIVEIRA, Fabiana Luci de; SILVA, Virgínia Ferreira da. Processos judiciais como fonte de dados:

6.6.4.5 Raciocínios e abordagens

Ao final, quero destacar opções metodológicas que serão importantes para o estudante de Direito. Primeiro, relembro os raciocínios indutivo e dedutivo, que já foram destacados no capítulo 5. Ambos são opções metodológicas que deverão ser escolhidas durante a delimitação do objeto de pesquisa. O mesmo vale para a abordagem qualitativa ou quantitativa.

A primeira foca na qualidade das fontes, acreditando que um número menor de fontes, mas com maior aprofundamento por parte dos pesquisadores, pode dar um resultado mais satisfatório para o problema. É o caso, por exemplo, de entrevistas que analisam toda a vida do entrevistado ou de estudo de caso de um único processo[62].

---

poder e interpretação. **Sociologias**, Porto Alegre, ano 7, n. 13, p. 244- 259, jan. 2005.

[62] Um interessante exemplo do uso das pesquisas qualitativas está em SOUZA, Jessé. **A ralé brasileira**: quem é e como vive? Belo Horizonte: Editora UFMG, 2009.

Já as pesquisas quantitativas focam no número, na quantidade de informações e de fontes para responder o problema de pesquisa. Usualmente vêm acompanhadas de análises estatísticas e são muito utilizadas em pesquisas que querem estudar o comportamento de tribunais. Nesse modelo, parte-se, por exemplo de dezenas ou centenas de processos ou de pesquisas que entrevistam diversas pessoas, com análises mais rápidas dos dados, apostando na quantidade das respostas e não na qualidade[63].

A escolha das opções é do pesquisador, considerando-se o problema, os dados disponíveis e a capacidade de enfrentamento destes. Em muitos casos, durante o percurso de pesquisas, a opção pode ser revista, pois a análise mais profunda dos dados, pode, em muitos casos mudar a forma de abordagem do problema.

---

[63] LESSA, Isabelle de Lima. **Como os juízes pensam?**: estudo empírico sobre o reconhecimento das decisões administrativas da Aneel envolvendo relações de consumo no juizado especial cível do estado do rio de janeiro. 2012. 117 f. TCC (Graduação) - Curso de Direito, Fundação Getúlio Vargas, Rio de Janeiro, 2012, p. 201-214.

6.6.5 Cronograma

Intimamente ligado com os objetivos específicos, o cronograma é uma relação entra a execução do trabalho e o tempo de que a pesquisadora dispõe para a pesquisa. Logo, ela deve descrever as atividades que exercerá com o tempo que tem.

O cronograma, como todo projeto de pesquisa, é provisório. Ele pode ser alterado durante a pesquisa – e muito provavelmente o será. Como se trata de um planejamento, é fundamental que a pesquisadora preveja com folga suas atividades e inclua período para revisão e debate do trabalho.

Também é recomendado dividir o trabalho em etapas para melhor controle e organização das tarefas. Por outro lado, algumas tarefas podem cruzar as diversas etapas, o que é normal nas pesquisas.

Como anexo ao presente livro, há um modelo de projeto de pesquisa. Acredito que a visualização de um modelo possa ajudar na compreensão das discussões que vêm sendo aqui traçadas.

6.6.6 Resumo

Apesar de colocar o resumo como o último item aqui, ele vem logo no início. Para elaboração do resumo são necessários elementos essenciais do projeto. O resumo do projeto deve conter o tema-problema de pesquisa, as fontes, a metodologia, a hipótese e os resultados. Se o resumo for expandido ou dependendo da regra da instituição, ele também pode ter os objetivos específicos e o estado da arte. É fundamental que o resumo seja objetivo e direto. Como o nome já diz, é o resumo, não são necessárias grandes complexidades da pesquisa e do projeto que estarão nas próximas páginas. O essencial é que o resumo deixe claro ao leitor todas as informações básicas e fundamentais do projeto.

6.6.7 Sobre as referências, como citar e sobre o plágio

No projeto, o pesquisador deve indicar como referências todas as obras que consultou e citou na sua elaboração. Também é fundamental a citação dos documentos e fontes que foram pesquisados. É pelas referências que o leitor do projeto consegue avaliar a profundidade da pesquisa preliminar e a familiaridade do pesquisador com o tema.

Nas referências, também é recomendável que constem as fontes de pesquisa a que o pesquisador já teve acesso. Por mais que já tenham sido descritas em outros momentos do projeto, é necessário deixar claro quais foram acessadas e consultadas.

Alguns editais pedem que sejam incluídas também as referências da pesquisa, isto é, as fontes do projeto somadas àquelas que o pesquisador pretende trabalhar na pesquisa.

Minha sugestão é que você cite exclusivamente o material com que já teve contato e, nas referências da pesquisa, cite o que ele pretende ler. As leis consultadas não precisam ser referenciadas.

A citação e formatação dos trabalhos nas regras da ABNT pode ser feita com o uso de tarefas contemporâneas. O site http://novo.more.ufsc.br/inicio, por exemplo, ensina facilmente como citar livros, sentenças, artigos, noticias de jornais, e-mails e tudo mais que se necessita em um trabalho acadêmico. O presente livro foi elaborado utilizando esta ferramenta, assim como o projeto anexo. Ambos seguem as regras da ABNT para o uso de citações e para formatação.

Nas pesquisas citamos e fazemos referências a muitos trabalhos. A citação deve obrigatoriamente ser feita. Existe o plágio de texto e também o plágio de ideias. Quando citamos a frase exata que outro autor escreveu, devemos citar o texto entre aspas e indicar a fonte. Quando citamos apenas as informações, mas escrevemos o texto com as nossas próprias palavras, a indicação da fonte é suficiente. Lembrando que a citação deve ser precisa, seguindo as regras da ABNT e a página do trabalho.

Quando a citação direta for longa (tiver mais de três linhas), o texto deve ser destacado em um novo parágrafo, de acordo com as regras que informo na primeira nota de rodapé do projeto anexo a este livro.

Pessoalmente, não gosto de usar muitas citações longas. Quando leio um trabalho, gosto de ler o autor daquele trabalho escreveu e não o que os outros autores escreveram. Por isso, sempre recomendo que os meus orientandos não abusem da quantidade de citações longas e que elas não sejam muito extensas.

A linearidade da leitura fica prejudicada quando o trabalho tem citações gigantes, que às vezes ocupam metade ou a página inteira.

Sugiro que só sejam feitas citações diretas desse tamanho quando o autor faz referência a algum dos seus trabalhos anteriores. Isso evita, por exemplo, o chamado autoplágio.

Durante o processo de pesquisa, é normal que relatórios parciais sejam elaborados e, às vezes, publicados. Quando uma publicação posterior pretende citar tais relatórios, é mais compreensível o uso de citações mais longas. Isso evita que o trabalho perca o ineditismo.

Usualmente, os regulamentos de universidades exigem de teses, dissertações e trabalhos de conclusão de curso o ineditismo. Algumas revistas também o fazem. Fazer o autoplágio, tira o ineditismo e pode gerar a rejeição de um trabalho.

É fundamental a atenção e o cuidado de pesquisadores com as citações dos seus trabalhos. Citar sem fazer referência, além de uma desonestidade intelectual, é a falha mais grave que pode ocorrer em um trabalho acadêmico. O plágio, praticamente é imprescritível, a qualquer momento um trabalho pode sofrer tal acusação, e é muito comum universidade caçarem os títulos daqueles que cometem esses atos.

Veja-se que as ações citadas acima são bem simples, mas são muito importantes nas pesquisas.

Em 2019, um orientando de mestrado copiou diversos trabalhos on-line e insertou no seu trabalho sem referências. Foi uma das maiores decepções como professor e orientador, me senti fracassado e traído. Por isso, sempre recomendo aos orientadores e estudantes o maior cuidado com as citações. O plágio, além de tudo, pode ser considerado crime e é a pior falha de um trabalho acadêmico e provavelmente o fim da carreira acadêmica daquele que praticou isso.

Existem diversos programas que internet que auxiliam no combate ao plágio. Uso o docxweb que tem uma versão gratuita e tem um resultado muito bom.

7. ALGUMAS PALAVRAS SOBRE O TRABALHO FINAL

> Mas não se preocupe meu amigo
> Com os horrores que eu lhe digo
> Isso é somente uma canção
> A vida realmente é diferente
> Quer dizer
> Ao vivo é muito pior
>
> Belchior, "Apenas um rapaz latino-americano"

7.1 Introdução, desenvolvimento e conclusão

Os trabalhos de conclusão ou os relatórios finais ou até mesmo os artigos baseados na pesquisa possuem a mesma estrutura: introdução, desenvolvimento e conclusão.

Costuma-se dizer que a introdução é a última parte a ser feita. Pois nela estão praticamente todos os elementos de um trabalho.

Na introdução o tema do trabalho deve ser apresentado, assim como o problema, a justificativa (teórica ou prática), o corte metodológico, o objetivo geral, a metodologia e as fontes utilizadas. Também é importante que, na introdução, seja apresentado o caminho percorrido na escrita, ou seja, os capítulos desenvolvidos.

Desta forma, a introdução é uma apresentação de toda a pesquisa. Nela estão os elementos essenciais que possibilitam ao leitor decidir se ele deseja ou não ler o restante do trabalho. Sendo assim, deve ser compreensível, objetiva e trazer todos os elementos descritos acima.

É na introdução que o pesquisador pode se apresentar, incluindo as justificativas pessoais ou suas vivencias que foram importantes para a escolha, a delimitação ou a realização do trabalho.

Caso a metodologia seja complexa e seja necessário escrever um capítulo próprio para melhor descrevê-la, isso não é um problema. A metodologia pode ser descrita no primeiro capítulo e na introdução coloca-se apenas uma pequena introdução a ela.

O desenvolvimento é a explicação da pesquisa realizada. São descritos ali, com detalhes, os objetivos específicos executados, os dados encontrados e os não encontrados.

Certa vez, um aluno me disse que iria apresentar, no primeiro capítulo, a parte que não se aprofundou no trabalho. Isso é um grave erro! Não devemos escrever sobre aquilo que não nos aprofundamentos, sobre aquilo que não pesquisados. Se queremos levar a pesquisa a sério, é fundamental entender que só podemos escrever sobre aquilo que realmente pesquisados, sobre o que temos dados e provas.

Também se questiona muito o número de páginas que o trabalho precisa ter. A lei do livro (10.753/2003) e o prêmio Jabuti, por exemplo, não falam em número mínimo ou máximo de páginas. A Capes, na área do direito, por algum tempo, utilizava o critério de 60 páginas.

De fato, desconheço uma legislação, salvo regras internas de universidades, que regulem o número mínimo ou máximo de páginas. E minha resposta é sempre a mesma: quantas páginas você precisar.

Ou seja, se o seu trabalho é objetivo, utilize quantas páginas forem necessárias. Elimine, obviamente, aquilo que não é essencial à pesquisa e não se preocupe com o número de páginas. Preocupe-se com a qualidade delas. É muito melhor ler um trabalho com poucas excelentes páginas do que ler centenas de páginas que não servem para nada. Eu já li excelentes teses de doutorado com menos de 100 páginas. O que vale é a qualidade das páginas, não a quantidade!

Já a conclusão do trabalho deve responder à pergunta problema. É na conclusão que se deve demonstrar como a hipótese da pesquisa foi testada e como que os dados respondem à pergunta que foi feita no início da pesquisa. É essencial deixar manifesto ao leitor como foi possível responder a pergunta e a forma que está sendo respondida a pergunta.

Aqui, vale lembrar que a conclusão deve estar intimamente ligada com o problema e com a pesquisa que foi feita. Não podem existir surpresas e novos elementos na conclusão. É por isso que conclusões muito genéricas como "precisa-se efetivar os direitos humanos", "precisa-se efetivar a dignidade da pessoa humana" ou "precisa-se de mais democracia", geralmente indicam desconexões entre o material pesquisado e as conclusões.

Também tomo a liberdade de lembrar, mais uma vez, que um trabalho acadêmico não é uma petição ou uma peça processual. Os termos usualmente utilizados no fórum (o popular "*juridiquês*") são extremamente malvistos em trabalhos acadêmicos.

A linguagem de um trabalho deve ser simples e objetiva. Se acreditamos que a pesquisa deve ser uma forma de auxiliar pessoas comuns a tomar decisões diárias, acredito que a escrita dos trabalhos acadêmicos também deve refletir a popularidade. Isso não significa que a linguagem não deva ser técnica, mas ela pode ser técnica sem o abuso de termos arcaicos. Um texto bem escrito é compreensível.

Recomendo, as estudantes e autores o Manual de Redação da Presidência da República. O Manual também explica bem o que é precisão e objetividade em um texto. Destaco um trecho da obra:

> "A clareza deve ser qualidade básica de todo texto oficial (...) Não se concebe que um documento oficial ou ato normativo de qualquer natureza seja redigido de forma obscura, que dificulte ou impossibilite a compreensão. A transparência é requisito do próprio Estado de Direito: é inaceitável que um texto oficial ou um ato normativo não seja entendido pelos cidadãos.[64]

7.2 As bancas de defesa, as revistas científicas e os Congressos de Direito

---

[64] BRASIL. GILMAR FERREIRA MENDES. (org.). **Manual de redação da Presidência da República**. 3. ed. Brasília: Presidência da República, 2018, p. 17.
Ps: Clareza e obscura são duas palavras que podem trazer uma compreensão equivocada e reforçar violências estruturais ligadas a raça social. De qualquer forma, destaco o texto oficial para debate público.

Concluído o trabalho, usualmente ele será defendido diante de uma banca. "Como escolher a banca de defesa?" é uma pergunta que costumo receber dos estudantes. Em geral, dou a mesma resposta: chame os melhores no tema. Convide os professores que pesquisam o tema, que já escreveram sobre isso, que têm experiência profissional e/ou acadêmica nele. Eles é que poderão, de fato, contribuir com o trabalho. Você poderá ter certeza de que um bom avaliador dará ótimas sugestões e fará ótimas críticas. Ao contrário do que muito se acredita, um trabalho que recebe muitas perguntas é um trabalho bom, e não ruim. Um trabalho bom estimula o pensamento e a crítica sobre o tema. Além disso, o contato com especialistas também pode colocar você ao lado deles, como especialista do tema, e contribuir para a divulgação do seu trabalho.

É óbvio que a escolha da banca também passa por relações pessoais, institucionais, agenda, entre outros elementos. Mas tente ter isto em mente: chame pessoas que, de fato, tenham condições de dialogar com o seu trabalho. Não tem sentido convidar um professor que talvez saiba menos que você sobre o tema. Respeite a sua pesquisa e monte uma banca que esteja ao nível do seu trabalho. Convidar profissionais que conhecem o tema possivelmente fará com que seu trabalho seja conhecido nos círculos acadêmicos e poderá contribuir para a sua divulgação. O convite para a banca também é uma forma de apresentar-se a profissionais que você ainda não conhece e pode facilitar o seu ingresso em outros cursos, como mestrado, doutorado ou pós-doutorado. Para o avaliador, é muito mais fácil avaliar quem ele já avaliou profundamente em uma banca prévia.

Duas formas de divulgação das pesquisas estão entre as mais questionadas pelos estudantes: as revistas cientificas e os congressos. Considerando que um trabalho não se escreve em apenas uma madrugada e exige pesquisa, como já escrevi anteriormente, é fundamental que a divulgação seja compatível com o trabalho feito. Imaginando que um discente pretende divulgar o trabalho, daria as seguintes sugestões: escolha uma revista e um congresso temáticos – usualmente, as áreas do Direito têm congressos específicos que reúnem especialistas nos temas. Veja o perfil da revista e do congresso: é uma revista com periodicidade? Os principais pesquisadores do tema escrevem nela? Os principais pesquisadores participam do Congresso[65]? As autoras que você

---

[65] A Capes possui um sistema de avaliação dos periódicos brasileiros e estrangeiros chamado Qualis, que tenta avaliar todas as revistas consideradas "científicas" no país. Uma revista que não está registrada no Qualis é provavelmente uma revista nova, uma revista estrangeira na qual nenhum pesquisador brasileiro pesquisou ou uma revista brasileira que não se enquadra no critério oficial. No Qualis, as revistas são classificadas com as notas A, B e C. Sempre sugiro aos discentes que procurem revistas especializadas no tema e não foquem apenas na classificação. Em geral, as revistas com maior classificação têm um fluxo e uma fila maiores. Mas, sinceramente, não acredito que o Qualis seja um indicativo automático de qualidade. Como toda forma de avaliação, ele tem problemas. Sendo assim, vale a pena analisar a avaliação da revista, mas mediar a classificação com uma "visita" à revista. Algumas revistas com a nota máxima, por exemplo, publicam artigos de "todas" as áreas do Direito: Direito Civil, Penal, Teoria... e o artigo pode acabar não sendo acessível ao público a que é dirigido. Outras especializadas publicam apenas de uma área e acabam virando referência para os leitores da área. Por outro lado, algumas instituições usam o Qualis para seleção de concursos e bolsas – o que não é recomendado pela Capes –, e talvez seja importante ao estudante mediar todas as variáveis antes de escolher o canal

cita frequentam/publicam em tais revistas e eventos? Existe espaço para debate no congresso ou a apresentação de trabalho é apenas um pretexto para cobrar um alto valor de inscrição? Os avaliadores das revistas e dos congressos deram um parecer substancial sobre o seu trabalho?

Essas são algumas perguntas que podem auxiliar a procura por um espaço onde divulgar a pesquisa. Por outro lado, posso afirmar que muitos congressos e revistas no Brasil não conseguem (ou não querem) manter a qualidade, porque visam apenas ao lucro e a pesquisa acaba sendo um pretexto para tal. Por isso, pense muito bem antes de investir seu tempo e sua pesquisa em um evento. Procure trabalhos publicados anteriormente nos congressos e nas revistas e entenda como funcionam as publicações.

Lembre-se também de que dificilmente um artigo já apresentado ou já publicado será aceito novamente em um veículo de alta qualidade. Geralmente, as boas revistas e os bons congressos

---

de publicação.

exigem publicações inéditas. Claro que uma pesquisa que dura anos pode ter relatórios preliminares publicados anteriormente, mas a prática mais comum é publicar apenas uma vez o produto e investir tempo para escolher um bom canal de publicação para o seu trabalho.

Também existem as revistas, em especial as mais bem colocadas nos rankings da Capes, que recebem uma alta demanda e que, por serem muito procuradas, demoram mais para publicar. A demora pode ser normal, mas também pode ser patológica. Se uma revista demorar meses para enviar seu artigo para avaliação – normalmente, você pode acompanhar o andamento pelo sistema on-line do periódico –, algo pode estar errado.

Enviar seu trabalho a uma revista ou congresso, usualmente, é uma possibilidade de ter sua pesquisa avaliada por um especialista. É a oportunidade de receber um parecer sobre o seu trabalho. Ter uma avaliação rigorosa e séria do seu trabalho é um sinal de respeito para aqueles que pesquisam. Mas também saiba que ter um artigo reprovado ou criticado por uma revista é normal. Isso pode acontecer porque seu artigo não se adequa ao perfil do congresso ou da revista ou porque seu trabalho precisa de reformulações. Toda avaliação pode ser usada como uma forma de repensar o seu trabalho ou de repensar a revista ou o congresso.

Em 2019, tive um artigo reprovado em uma revista de direito criminal. Eu escrevi um texto sobre a elaboração do Código de Processo Penal de 1941[66] e enviei para seleção. O parecerista da revista entendeu que eu deveria ter incluído o debate do Congresso Nacional na elaboração do artigo e que eu deveria ter citado os autores atuais.

De plano, entendi que o parecerista não tinha lido ou não tinha entendido o artigo. O Congresso Nacional estava fechando durante a Ditadura do Estado Novo (1937-1945). O Código

---

[66] SIQUEIRA, Gustavo Silveira; AMÂNCIO, Guilherme Cundari de Oliveira; OLIVEIRA, Maurício Dutra de. Uma história do Código de Processo Penal de 1941: imprensa, doutrina e Estado Novo. **Argumentum**, Marília, v. 21, n. 1, p. 363-391, abr. 2020.

foi feito sem Congresso Nacional, como o Código Penal de 1940 e o Código de Processo Civil de 1939. Também não citei os autores atuais porque eu queria investigar como o Código de Processo Penal de 1941 foi compreendido naquela época, ou seja, eu não queria visões atuais. Logo, concluí que eu não deveria enviar o artigo para uma revista cujos pareceristas não liam ou não entendiam uma coisa que eu acreditava ser bem simples. Enviei para outra revista, que fez críticas e sugestões bem mais interessantes. Ou seja, não devemos desanimar com o primeiro não, mas pensar o que devemos fazer com ele. Pesquisa é erro e acerto, é teste.

Da mesma forma, é fundamental que aqueles que gostam e querem publicar também sejam avaliadores de revistas. É uma via de mão dupla. Não existe revista sem autores, tampouco sem pareceristas. Sendo assim, a tarefa de avaliar trabalhos em revistas (e eventos) também é tarefa de pesquisador, e devemos nos conscientizar disso.

No Brasil, grande parte das revistas jurídicas são virtuais e gratuitas[67]. Isso significa que grande parte do conhecimento jurídico tem acesso aberto, o que não acontece necessariamente com periódicos de outros países – a Capes e diversas universidades brasileiras pagam portais que os disponibilizam. Usualmente, o acesso a importantes revistas estrangeiras tem um custo financeiro elevado. Nesse sentido, a academia brasileira tem um ponto que merece ser destacado. Mesmo com todos os problemas que a academia e as universidades brasileiras têm, o nosso acesso ao conhecimento produzido nas revistas é muito mais facilitado do que em outros países. De fato, na minha opinião, seria contraditório que uma revista precificasse o acesso a um artigo que ela recebeu gratuitamente de um pesquisador.

---

[67] Quem desejar conhecer melhor o tema, pode consultar o artigo: FERES, Marcos Vinício Chein; OLIVEIRA, Jordan Vinícius de. Periódicos da área de Direito: uma abordagem empírica. **Direito e Práxis,** Rio de Janeiro, v. 10, n. 1, p. 335-362, mar. 2019.

De qualquer forma, sempre sugiro aos discentes que procurem e publiquem em revistas abertas e disponíveis on-line. As pesquisas, acredito eu, devem estar disponíveis para toda a sociedade brasileira, que fomenta a sua publicação.

8. PALAVRAS FINAIS

> Por favor não saque a arma no saloon
> Eu sou apenas o cantor
> Mas se depois de cantar
> Você ainda quiser me atirar
> Mate-me logo à tarde, às três
> Que à noite tenho um compromisso e não posso faltar
> Por causa de vocês.
>
> Belchior, "Apenas um rapaz latino-americano"

No fundo, o presente livro só tem sugestões. Peço desculpas se, em algum momento, pareci prescritivo. Não sou eu quem decide como deve ser feita a pesquisa ou os métodos e as técnicas que vocês pretendem usar. O que tentei fazer foi descrever o que entendo como pesquisa e o que aprendi nas diversas instituições em que já estudei.

Não se trata de um livro de referência ou teórico, mas de um guia, um auxílio para os que iniciam o processo de pesquisa. Como você pôde perceber, não há complexidade teórica aqui, e tentei ser bem objetivo e direto.

O ato de pesquisar é uma estrada, um processo. Ao final, temos dois produtos: a pesquisa e o pesquisador. O sentido daquela não é apenas o produto impresso, o artigo, o trabalho, mas também o produto humano, o pesquisador que se forma. Dessa forma, um curso de mestrado, por exemplo, pode não gerar uma grande dissertação, mas pode levar à formação de um brilhante pesquisador. O produto humano é parte essencial de todo processo de pesquisa!

E não pensem que a graduação, o mestrado e o doutorado são os trabalhos mais importantes da sua vida. Eles devem refletir o seu melhor no momento em que você os fez, mas depois você provavelmente buscará outros horizontes e pesquisas ainda mais complexas.

Como a pesquisa é uma estrada, um processo, não é possível pular etapas. Não há caminho mais curto. Por mais que você tenha assessores ou um excelente orientador, caminhar pela estrada, conhecer os buracos, os erros, os acertos, as falhas fazem parte da construção da pesquisa e do pesquisador.

Sabe quando você tem certeza de que fez uma pesquisa? Quando se surpreende com a informação, com o dado. Quando consegue afirmar que algo mudou na sua compreensão sobre o objeto. Quando percebe que conheceu algo novo. Desejo que as surpresas da pesquisa alterem as compreensões que você tem de mundo.

Somos seres em eterna construção e aprendizado. Espero que alguma coisa aqui tenha sido isso para você. Se for, valeu a pena chegar até aqui.

Este livro foi pensado com a concepção de ensino e de pesquisa de Paulo Freire. Entendo que o discente aprende a pesquisar junto com o docente. Ensinar a pesquisa e pesquisar não são atividades separadas, aprendem-se juntas. Portanto, este livro – como todos os livros – não dispensa a atividade docente.

Da mesma forma que andar de bicicleta, este guia ensina os passos, mas o equilíbrio, o caminhar, o frear e o ir em frente só são compreendidos na prática, no exercício. Daí a essencialidade do acompanhamento do docente, que também aprende cotidianamente com o discente. Como escreveu Paulo Freire, ninguém aprende sozinho. Espero que este livro, que tem Freire como marco teórico, que guia toda a concepção de pesquisa e também de ensino, possa inspirar docentes e discentes na construção de pesquisas e de um mundo melhor.

Mas também temos diversos pressupostos teóricos. As concepções de história do direito e de crítica ao direito positivo aqui desenvolvidas estão influenciadas pelas concepções teóricas de António Manuel Hespanha. O mesmo vale para a história dos conceitos, de Reinhart Koselleck, presente em todo o livro.

Acredito que a educação e a pesquisa são processos de transformação do mundo, portanto atos revolucionários. Ensinamos para construir, em conjunto, pessoas e pesquisas, para construirmos um mundo melhor, mais justo, menos preconceituoso e mais democrático.

Apenas agora, no último parágrafo, defino o que mais importa para mim: se a pesquisa não for útil para transformar o mundo ou as pessoas, ela não serve para nada. Obrigado por chegar até aqui.

REFERÊNCIAS

ANDRADE NETO, João. **Borrowing Justification for Proportionality**: on the influence of the Principle Theory in Brazil. Heidelberg: Springer, 2018. 331p.

_____. Participante ou observador? Uma escolha entre duas perspectivas metodológicas de estudo e aplicação do Direito. **Direito GV**, São Paulo, v. 12, n. 3, p. 869-891, set. 2016.

ARAUJO, Danielle Regina Wobeto de; PEREIRA, Luis Fernando Lopes. O conceito de estado nos manuais de direito a na história: ventilando ideias. In: VESTENA, Carolina; SIQUEIRA, Gustavo (org.). **Direito e experiências jurídicas: temas de História do Direito**. Belo Horizonte: Arraes, 2013, p. 31-46.

BRADLEY, Curtis (org.). **The Oxford Handbook of Comparative Foreign Relations Law**. Oxford: Oxford University Press, 2020. 896p.

BRASIL. GILMAR FERREIRA MENDES. (org.). **Manual de redação da Presidência da**

República. 3. ed. Brasília: Presidência da República, 2018. 189p.

BONI, Valdete; QUARESMA, Sílvia Jurema. Aprendendo a entrevistar: como fazer entrevistas em Ciências Sociais. **Revista Eletrônica dos Pós-graduandos em Sociologia Política da UFSC**. Florianópolis, v.2, n. 1, p.68-80, jan. 2005.

BROCCO, Pedro Dalla Bernardina. Explorando a estrutura da confiança: apontamentos em sociologia do direito a partir do funcionamento da lei de medidas cautelares. **Direito GV**, São Paulo, v. 12, n. 3, p. 667-690, set. 2016.

CÂNDIDO, Thais Cristina; IFANGER, Fernanda. A política criminal realizada pelo Poder Judiciário: uma análise da aplicação do princípio da insignificância nos crimes de furto julgados pela cidade de Campinas - SP. **Revista de Estudos Empíricos em Direito**, São Paulo, v. 5, n. 2, p. 9-25, ago. 2018.

CARVALHO, Mayara. **Justiça restaurativa na comunidade**: uma experiência em Contagem-MG. [S.l.]: Belo Horizonte, 2019.

CASTRO, Janaína Vieira de; PASQUALETO, Olívia de Quintana Figueiredo. Estudo de caso sobre a decisão judicial que proibiu o pagamento de salário por produção na indústria de cana-de-açúcar do interior paulista. **Revista de Estudos Empíricos em Direito**, São Paulo, v. 4, n. 1, p. 160-175, fev. 2017.

CERQUEIRA-SANTOS, Elder; SANTANA, Geovanna. Adoção homoparental e preconceito: crenças de estudantes de Direito e Serviço Social. **Temas em Psicologia**, Ribeirão Preto, v. 23, n. 4, p. 873-885, dez. 2015.

ENGELMAN, Fabiano. **Sociologia do Campo Jurídico**: juristas e usos do direito. Porto Alegre: Sergio Antonio Frabris Editor, 2006, 214p.

EPSTEIN, Lee; KING, Gary. **Pesquisa empírica em Direito**: as regras de inferência. São Paulo: Direito GV, 2013. Disponível em: http://bibliotecadigital.fgv.br/dspace/handle/10438/11444. Acesso em: 2 jun. 2019.

FARIA, José Eduardo. Prefácio. In: GUSTIN, Miracy Barbosa de Souza; DIAS, Maria Teresa Fonseca. **(Re)Pensando a pesquisa jurídica:**

teoria e prática. 2. ed. Belo Horizonte: Del Rey, 2006, p. v-viii.

FERES, Marcos Vinício Chein; OLIVEIRA, Jordan Vinícius de. Periódicos da área de Direito: uma abordagem empírica. **Direito e Práxis**, Rio de Janeiro, v. 10, n. 1, p. 335-362, mar. 2019.

FERES, Marcos Vinício Chein; SILVA, Alan Rossi; MORAIS, Anderson Resende; SOUZA, Andressa Mendes de. A medida da inovação farmacêutica e os pedidos de patente: o caso da doença de Chagas. **Revista de Estudos Empíricos em Direito**, São Paulo, v. 5, n. 3, p. 118-135, jan. 2019.

FERNANDES, João Renda Leal. **O "mito EUA":** um país sem direitos trabalhistas?. 2020. 320 f. Dissertação (Mestrado) - Curso de Direito, Universidade do Estado do Rio de Janeiro, Rio de Janeiro, 2020.

FERREIRA, Luciana da Silva Sales. Produção de documentos e gestão de conflitos: a atuação do Ministério Público na implantação do Projeto Minas-Rio, em Conceição do Mato Dentro/MG. **Revista de Estudos Empíricos em Direito**, São Paulo, v. 5, n. 3, p. 246-256, dez. 2018.

FONSECA, Ricardo Marcelo. **Introdução teórica à história do direito**. Curitiba: Juruá, 2009. 180p.

FONTAINHA, Fernando. Um pesquisador na Emerj: negociações de uma postura de pesquisa em um mundo institucionalizado. **Revista de Estudos Empíricos em Direito**, São Paulo, v. 2, n. 1, p. 93-111, jan. 2015.

FONTAINHA, Fernando; GERALDO, Pedro Heitor. Por uma sociologia empírica do direito. In: FONTAINHA, Fernando (org.). **Sociologia empírica do direito**. Curitiba: Juruá, 2015, p. xiii-xx.

FREIRE, Paulo. **Pedagogia da autonomia**: saberes necessários à prática educativa, São Paulo: Paz e Terra, 2006.

GIL, Antonio Carlos. **Como elaborar projetos de pesquisa**. 4. ed. São Paulo: Atlas, 2002. 175p.

GUSTIN, Miracy Barbosa de Souza; DIAS, Maria Tereza Fonseca. **(Re)Pensando a pesquisa**

jurídica: teoria e prática. 2. ed. Belo Horizonte: Del Rey, 2006. 176p.

HESPANHA, António Manuel. **Cultura jurídica europeia**: síntese de um milênio. Lisboa: Almedina, 2012. 663p.

_____. **O caleidoscópio do direito:** o direito e a justiça nos dias e no mundo de hoje. Lisboa: Almedina, 2009. 821p.

JAPIASSU, Hilton. **O mito da neutralidade cientifica**. Rio de Janeiro: Imago, 1975. 188p.

KOSELLECK, Reinhart. **Futuro passado:** contribuição à semântica dos tempos históricos. Tradução de Wilma Patrícia Maas e Carlos Almeida Pereira. Rio de Janeiro: PUC-Rio, 2006. 340p.

_____. Uma história dos conceitos: problemas teóricos e práticos. **Estudos Históricos**, Rio de Janeiro, v. 5, n. 10, p. 134-146, jul. 1992.

LESSA, Isabelle de Lima. **Como os juízes pensam?:** estudo empírico sobre o reconhecimento das decisões administrativas da Aneel envolvendo relações de consumo no juizado especial cível do estado do rio de janeiro. 2012. 117 f. TCC (Graduação) - Curso de Direito, Fundação Getúlio Vargas, Rio de Janeiro, 2012.

MACHADO, Maira Rocha; PINTO, Patrícia Bocardo Batista. A punição na punição na punição: as múltiplas sanções aplicadas em caso de falta grave nas decisões do TJSP. **Revista Brasileira de Ciências Criminais**, São Paulo, ano 27, v. 152, p. 117-143, fev. 2019.

MARCONI, Marina de Andrade; LAKATOS, Eva Maria. **Técnicas de pesquisa**. 5. ed. São Paulo: Atlas, 2002. 282p.

MARTINICH, Aloysius. **Thomas Hobbes**: a biography. Cambridge: Cambridge University Press, 1994. 424p.

OLIVEIRA, Fabiana Luci de; SILVA, Virgínia Ferreira da. Processos judiciais como fonte de dados: poder e interpretação. **Sociologias**, Porto Alegre, ano 7, n. 13, p. 244- 259, jan. 2005.

OLIVEIRA, Luciano. Não fale do código de Hamurabi! A pesquisa sociojurídica na pós-graduação em Direito. In: OLIVEIRA, Luciano. **Sua Excelência o Comissário e outros ensaios de Sociologia Jurídica**. Rio de Janeiro: Letra Legal, 2004. p. 137-167.

PARKIN, Jon. **Taming the Leviathan**: The Reception of the Political and Religious Ideas of Thomas Hobbes in England 1640-1700. Cambridge: Cambridge University Press, 2007. 472p.

PEREIRA, Fernanda Brito. **A prática docente no cotidiano dos cursos de Direito**: desafios e possibilidades. 2004. 121p. Dissertação (Mestrado) – Curso de Educação, Universidade Federal de Minas Gerais, Belo Horizonte, 2004.

PRIGOGINE, Ilya. **O fim das certezas**: tempo, caos e as leis da natureza. 2. ed. São Paulo: Editora Unesp, 2011. 208p.

QUEIROZ, Rafael Mafei Rabelo; FEFERBAUM, Marina. **Metodologia da pesquisa em Direito**: técnicas e abordagens para elaboração de monografias, dissertações e teses. 2. ed. São Paulo: Saraiva, 2019. 828p.

RIBEIRO, Renato Janine. Não há pior inimigo do conhecimento que a terra firme. **Tempo social**, São Paulo, v. 11, n. 1, p. 189-195, mai. 1999.

SILVA, Vanessa Ramos da; CARLOS, Paula Pinhal de. Violência de gênero e Tribunal de Justiça do Rio Grande do Sul: usos e percepções sobre gênero segundo o discurso dos desembargadores e das desembargadoras e reflexos na aplicação da Lei Maria da Penha. **Revista de Estudos Empíricos em Direito**, São Paulo, v. 5, n. 1, p. 49-66, abr. 2018.

SIQUEIRA, Gustavo Silveira. **História do direito de greve no brasil (1890-1946)**. Rio de Janeiro: Lúmen Juris, 2017a. 180p.

_____. "Justiça rápida e barata para todo o Brasil", um "Código para acabar com as chicanas do direito": o Código de Processo Civil de 1939 e alguns discursos sobre o Judiciário. **Revista Eletrônica de Direito Processual**, Rio de Janeiro, v. 18, n. 2, p. 245-260, mai. 2017b.

_____. O direito civil antes do Código de 1916: a ausência das Ordenações Filipinas e as expectativas na imprensa e na doutrina nacional. **Revista do Instituto Histórico Geográfico Brasileiro**, Rio de Janeiro, ano 178, n. 473, p. 545-562, nov. 2017c.

_____. O STF no Egito: greve e História do Direito no Recurso Extraordinário n.o 693.456/RJ. **Direito e Práxis**, Rio de Janeiro, v. 10, n. 2, p. 1.016-1.045, jun. 2019.

SIQUEIRA, Gustavo Silveira; AMÂNCIO, Guilherme Cundari de Oliveira; MARQUES, Francisca Maria Medeiros. A "Constituição esquecida": o tratamento história da Constituição de 1937 nos livros de direito constitucional. **Revista Argumentum,** Marília, v. 21, n.2, p. 531-559, ago. 2020.

SIQUEIRA, Gustavo Silveira; AMÂNCIO, Guilherme Cundari de Oliveira; OLIVEIRA, Maurício Dutra de. Uma história do Código de Processo Penal de 1941: imprensa, doutrina e Estado Novo. **Argumentum**, Marília, v. 21, n. 1, p. 363-391, abr. 2020.

SOUZA, Jessé. **A ralé brasileira**: quem é e como vive? Belo Horizonte: Editora UFMG, 2009. 484p.

SOUZA, Luanna Tomaz; VELOSO, Milene Maria Xavier; PINHEIRO, Ivonete. Os centros referência de atendimento à mulher em situação de violência e a experiência do Pro Paz Mulher (Belém-Pará). **Revista de Estudos Empíricos em Direito**, Rio de Janeiro, v. 5, n. 2, abr. 2018.

WOLLMAN, Sergio. **O conceito de liberdade no Leviatã de Hobbes**. Porto Alegre: PUCRS, 1994. 205p.

YIK, Robert. **Estudo de caso:** planejamento e métodos. Tradução de Daniel Grassi. 5. ed. São Paulo: Bookman, 2015. 205p.

SOBRE O AUTOR

Gustavo Silveira Siqueira é professor de História do Direito e de Metodologia da Pesquisa na Universidade do Estado do Rio de Janeiro (UERJ) e na Universidade Estácio de Sá (UNESA). Foi *visiting scholar* no Departamento de História da Harvard University e tem estágio de pós-doutorado no Max-Planck-Institut für europäiche Rechtsgeschichte. É secretário do Instituto Brasileiro de História do Direito (IBHD) e bolsista de produtividade do Conselho Nacional de Desenvolvimento Científico e Tecnológico (CNPq). Foi coordenador da Coordenação de Aperfeiçoamento de Pessoal de Nível Superior (CAPES) para mestrados profissionais em Direito (2016-2018). Desde 2019, atua como coordenador da área do Direito na Fundação de Amparo à Pesquisa do Estado do Rio de Janeiro (FAPERJ) e é sócio honorário do Instituto Histórico e

Geográfico Brasileiro (IHGB). E-mail: gustavosiqueira@uerj.br

ANEXO A – MODELO DE PROJETO DE PESQUISA[68]

---

[68] A formatação do projeto deve ser feita em conformidade com a ABNT, NBR 14.724. Em linhas gerais, as margens esquerda e superior devem ter 3cm e as direita e inferior serão de 2cm (anverso). A fonte deve ser tamanho 12, preferencialmente Times New Roman, o que inclui também a capa. Somente as citações diretas com mais de três linhas, notas de rodapé, paginação, legendas e fontes de ilustrações ou tabelas que devem ter tamanho diferenciado. Nestes casos, recomenda-se uso de fonte tamanho 10. Todo o texto deve ser estar com espaçamento 1,5 entre linhas, exceto as citações diretas longas, notas de rodapé, referencias e legendas que devem estar em espaçamento simples.

UNIVERSIDADE DO ESTADO
DO RIO DE JANEIRO
FACULDADE DE DIREITO

Projeto de Pesquisa:

O Direito Civil após o Código de 1916:
um debate sobre os processos judiciais na cidade
do Rio de Janeiro (1917-2017)

Projeto de pesquisa apresentado por
Gustavo Silveira Siqueira

2020

RESUMO:

O Código Civil de 1916 é constantemente descrito pela literatura jurídica como uma "obra monumental", como "exemplo de originalidade", como "impecável", entre outros adjetivos. Alguns desses adjetivos acompanham a história do Código do início do século XX até hoje. O objetivo da pesquisa é entender como se deu a aplicação desse Código "monumental" e "impecável" nas cinco Varas Cíveis do Rio de Janeiro entre 1917 e 1927. Utilizando como fonte dos processos judiciais, pretendo entender como juízes, advogados e outros profissionais citavam e utilizavam o Código no dia a dia dos processos. A hipótese inicial, baseada na pesquisa preliminar, é que o Código não teve grande impacto e que o modo de utilizar o "direito civil" no período pós-Código é ainda o modo anterior a sua publicação. Sendo assim, testarei a impacto do Código nas peças judiciais da capital federal naquele período.

Palavras-chave: Código Civil 1916. Vara Cível. Aplicação do direito.

SUMÁRIO[69]

1 Tema-problema..X
2 Justificativa, Hipótese e Inovações pretendidas na pesquisa..X
3 Objetivo Geral..X
4 Objetivos Específicos..X
5 Fontes da Pesquisa...X
6 Metodologia..X
6.1 Pressupostos conceituais e marco teórico........X
6.2 Estado da Arte..X
6.3 Variáveis e indicadores.................................X
6.4 Tipo de Pesquisa..X
6.5 Cronograma... X
Referências...X

---

[69] Retirei os números das páginas pois trata-se apenas de um modelo.

1 TEMA-PROBLEMA

Em pesquisa anterior, analisei os processos julgados pela Primeira Vara Civil do Rio de Janeiro entre 1840 e 1915 e pude perceber que as Ordenações Filipinas, ao contrário do que escrevem alguns manuais de Direito Civil, não eram "utilizadas como o direito civil da época". A pesquisa demostrou que 70% dos processos consultados não citava qualquer dispositivo legal e que as Ordenações foram citadas somente até 1885. Em 80% das vezes que as Ordenações foram citadas, eram utilizadas nas regras de procedimento, como citação e testemunhas, contidas no livro terceiro. Ou seja, na amostra de pesquisa, a recorrência às Ordenações como direito material é praticamente insignificante[70].

Desse modo, a pesquisa em processos judiciais, demonstrou que o uso das Ordenações

---

[70] SIQUEIRA, Gustavo Silveira. O direito civil antes do Código de 1916: a ausência das Ordenações Filipinas e as expectativas na imprensa e na doutrina nacional. **Revista do Instituto Histórico Brasileiro**, Rio de Janeiro, v. 1, n. 473, p. 545-562, nov. 2017.

Filipinas, pelo menos no que se refere a decisões da Primeira Vara Civil do Rio de Janeiro, não foi tão comum e que a lógica de se julgar as relações cíveis naquele período não era baseada na citação expressa de leis.

Os manuais de Direito Civil costumam descrever a promulgação do Código Civil de 1916, como um movimento impactante para o direito brasileiro. Dessa forma, quero colocar a prova as visões atuais sobre o Código Civil de 1916 e entender, de certa forma, como se julgava naquele período.

A presente pesquisa pretende investigar como o Código Civil foi citado nos processos (decisões e petições) das cinco Varas Cíveis da cidade do Rio de Janeiro entre 1917 e 1927. Desejo entender qual o impacto do Código Civil de 1916 nos processos judiciais. Sendo assim, pretendo pesquisar todos os processos cíveis nas cinco Varas Cíveis da Capital Federal da época.

Neste sentido a pergunta de pesquisa seria: como juízes, promotores e advogados citavam o

Código Civil de 1916 nos processos judiciais nas cinco Varas Cíveis do Rio de Janeiro entre 1917 e 1927?

2 JUSTIFICATIVA, HIPÓTESE E INOVAÇÕES PRETENDIDAS NA PESQUISA

Usualmente, como apresentado no estado da arte deste projeto, o Código Civil de 1916 é descrito como uma "obra monumental"[71], de "grade repercussão"[72], um "orgulho científico"[73] ou um "exemplo de originalidade".[74] Minha pesquisa quer analisar como o Código Civil foi incluído na prática judiciária da Cidade do Rio de Janeiro entre

---

[71] DINIZ, Maria Helena. **Curso de Direito Civil Brasileiro**: teoria geral do direito civil. 29. ed. São Paulo: Saraiva, 2012, pp. 64-65.
[72] AMARAL, Francisco. **Direito Civil**: Introdução. 5. ed. Rio de Janeiro: Renovar, 2003, p. 88.
[73] FACHIN, Luiz Edson. Oração breve pelo transcurso do centenário do Código Civil à luz do civilismo de Orlando Gomes. **Revista do Instituto Histórico Brasileiro**, Rio de Janeiro, v. 1, n. 473, pp. 23-30, nov. 2017, p. 28.
[74] CASTRO JÚNIOR, Torquato. Infuência da pandectística no Código Civil brasileiro. **Revista do Instituto Histórico Brasileiro**, Rio de Janeiro, v. 1, n. 473, pp. 91-105, nov. 2017, p. 100.

1917-1927. Quero entender como magistrados, advogados, membros do Ministério Público e peritos recepcionaram o Código, como ele foi citado e utilizado em decisões e outras peças processuais.

Minha hipótese, baseada na pesquisa preliminar, é que o Código Civil de 1916 não causou grande impacto no sistema jurídico brasileiro, pelo menos nos anos da pesquisa e que as descrições da literatura jurídica da época e atuais não condizem com a aplicação do Código no sistema judiciário da então capital federal.

Testarei a ideia de que a vigência de um novo Código, não alterou a mentalidade de juízes e advogados que decidiam e peticionavam sem indicar o argumento legal, sem fazer apoio em dispositivo de lei e sem basear seu pedido em disposição legal. Testarei a ideia de que o Código, mesmo sendo uma importante obra legislativa, não teve um grande impacto nos processos judiciais.

Desta forma, a pesquisa servirá para testar, para pôr à prova alguns "sensos comuns" que já têm mais de cem anos: de que o Código Civil de 1916, foi uma obra monumental e impactante naquela época, pelo menos quando se fala da prática judiciária. Da mesma forma, quero entender, como um judiciário que decidia as relações civis sem um Código, reage ao novo arcabouço legal. Neste sentido a pesquisa pode auxiliar a compreensão do que foi o Código Civil de 1916, como também como o Poder Judiciário e demais atores respondiam à nova lei.

3 OBJETIVO GERAL

O objetivo geral da pesquisa é identificar, neste período de dez anos, a aplicação do Código civil, que acabava de ser promulgado, com vigência a partir de 1 de janeiro de 1917. Trata-se de conhecer a aplicação da nova lei civil nas relações jurídicas privadas, isto é, litígios estabelecidos entre particulares, seja pessoa física ou jurídica.

4 OBJETIVOS ESPECÍFICOS

a) Consultar os processos das 1ª, 2ª, 3ª, 4ª e 5ª Varas Cíveis da cidade do Rio de Janeiro entre 1917 e 1927;
b) Selecionar e catalogar os processos;
c) Analisar os argumentos levantados em petições, sentenças e manifestações e verificar quais artigos do Código Civil de 1916 são citados;
d) Tabelar as informações, criando variáveis como a Vara Cível, o ano do processo, o tipo de ação e o artigo citado do Código Civil;
e) Analisar como a literatura da época (1917-1927) descrevia a aplicação do novo Código Civil.
f) Verificar se a imprensa da época noticiava aplicações e discussões sobre o Código Civil de 1916.

5 FONTES DA PESQUISA

As principais fontes para a pesquisa serão os processos das Varas Cíveis da cidade do Rio de Janeiro entre 1917 e 1927, arquivados no Arquivo Nacional. A literatura e as notícias da imprensa da época, servirão como fontes de apoio para se entender os processos cíveis do período.

A pesquisa preliminar já apontou a existência de 184 processos das Varas Cíveis do Rio de Janeiro. Apesar do número, será necessário excluir os processos que envolviam a Fazenda Pública (ações de execução fiscal). Esses processos se iniciavam por lavratura de inquérito pelo fiscal da Fazenda ao visitar o estabelecimento comercial ou residencial e constatar a inadimplência do usuário de algum serviço público, na maioria dos casos fornecimento de água. Muito embora esses processos tenham aspecto semelhante ao rito seguido pela via do administrativo, iniciada com a autuação do fiscal, a cobrança da dívida segue a via judicial. Considerou-se, nestes casos, a aplicação do Código Civil como inexistente[75]. Assim, em um universo de 184 processos tramitados nas cincos varas cíveis selecionadas, 37 foram descartados porque tem o Estado em um dos polos da ação, o que reduz a amostra ou *corpus* da pesquisa para 147 processos. A tabela abaixo apresenta de modo detalhado o critério adotado:

Gráfico 1 – Critério para construção da amostra

Vara Cível	N° de processos registrados na base judiciária	N° de processos envolvendo a Fazenda Pública	N° de processos selecionados
1ª Vara	70	25	45

---

[75] Poderíamos aqui questionar o papel da Vara Cível nessas lides de natureza pública dentro de um contexto que desconhece competência especializada para tratar a matéria.

Cível			
2ª Vara Cível	22	4	18
3ª Vara Cível	50	5	45
4ª Vara Cível	26	1	25
5ª Vara Cível	16	2	14
TOTAL	**184**	**37**	**147**

Outra limitação, esta sem controle por parte da equipe de pesquisadores, deverá também ser mencionada. Muitos processos solicitados a partir da base judiciária do Arquivo Nacional não foram localizados por diversos motivos (perda, extravio, documento deteriorado ou com fungos), o que constitui um obstáculo ao exame completo da amostra pretendida inicialmente.

Em razão disso, dos 147 processos selecionados para a pesquisa, apenas 116 estão disponíveis pelo Arquivo Nacional.

Desse modo, o universo da pesquisa serão os 116 processos disponibilizados à pesquisa.

6 METODOLOGIA

O primeiro passo da pesquisa será separar os processos por ano. Após, tabelarei o número do processo, as partes, os advogados, o tipo de ação, o ano de início do processo e o artigo citado do Código (ou a não citação de um artigo do Código). Tendo os primeiros dados em mão, pretendo analisar os argumentos utilizados em peças judiciais e tentar entender como funcionava a forma de citação do Código Civil de 1916.

A ideia da pesquisa é ter noção das citações por ano, por Vara Cível e por artigo. Dessa forma, pretendo produzir informações sobre o universo global e sobre os dados alterados por variáveis.

6.1 Pressupostos conceituais e marco teórico

Para Carlos Petit, no século XIX, o Código representava uma forma antiparlamentar de legislar e de compreender o direito civil, que era entendido e centrado na propriedade individual nos sujeitos proprietários e nos instrumentos de transmissão[76]. Ademais, o Código oferecia um modelo para escritura do texto legal (dividido em livros, título, capítulos e artigos), com números corridos e escritos na vernácula[77]. Petit lembra que o Código também possuía uma noção de redução do direito à lei.

É claro que a noção de Código do século XIX sofre alterações no século XX. Mas a ideia de elaboração de códigos sem o Parlamento, por exemplo, foi uma ideia muito comum no Estado

---

[76] PETIT, Carlos. **Un Código civil perfecto y bien calculado**: el proyecto de 1821 en la historia de la codificación. Madrid : Dykinson, 2019, p. 69.

[77] Neste ponto também é necessário diferenciar Código e Consolidação. A Consolidação é um processo de reunião de Leis que já existem em um único texto legal. O Código, por definição, é uma nova criação jurídica.

Novo brasileiro (1937-1945), período em que diversos códigos foram elaborados com o Legislativo fechado[78].

Desse modo, utilizarei o conceito de Código Civil como uma obra jurídica que se pretende sistemática, organizada e que almejava regular a vida civil. Entretanto, não utilizarei a noção de redução de direito à lei, pois acredito que isso pode limitar a complexidade do fenômeno jurídico do momento e aceitarei a ideia, não comum na história dos Códigos brasileiros, de um Código feito por um parlamento. A ideia de que o direito e as experiências em torno dele podem ser muito mais amplas que a lei é baseada no marco teórico e nas concepções da Escola dos Annales.

A concepção de história que fundamentará toda a pesquisa é a ideia de uma história plural, crítica e problametizante de António Manuel Hespanha[79]. Na esteira do seu pensamento,

---

[78] Como exemplo, posso citar o Código de Processo Civil de 1939, o Código Penal de 1940, o Código de Processo Penal de 1941 e o Código de Águas de 1945.

[79] HESPANHA, António Manuel. **A história do direito na**

utilizarei a história como um instrumento crítico ao Direito e como uma forma de repensar pressupostos e "verdades" comumente repetidas pelos juristas. Recorrendo à chamada História Nova, com as críticas e problematizações trazidas por Hespanha, tentarei construir um aspecto ainda não analisado da história do Direito Civil brasileiro. Neste sentido, quero conhecer as experiências em torno do Código Civil. Ou seja, entenderei o Direito Civil para além do Código e utilizarei de fontes jurídicas e não jurídicas para entender as vivências em torno do Código Civil de 1916.

6.2 Estado da Arte

Em maio de 2016, o Instituto Histórico Geográfico promoveu o Congresso do Centenário do Código Civil de 1916. Especialistas do Brasil e

---

história social. Lisboa: Livros Horizonte, sd. e HESPANHA, António Manuel. Nova história e história do direito. **Revista Vértice**, Coimbra, v. 1, n. 46, p. 17-33, abril, 1986.

do exterior discutiram o processo de elaboração do Código, a tarefa de Clóvis Bevilacqua e os debates sobre a codificação civil no país. A "Revista do Centenário", publicada em 2017, reuniu grande parte destes trabalhos[80].

O Código foi chamado de "exemplo de originalidade[81]", "um orgulho cientifico[82]", "uma experiência sublime[83]". Ocorre que nenhuma pesquisa apresentada no principal evento que teve a temática do centenário analisou processos cíveis imediatamente após o Código Civil. Fui o autor de um artigo que apresentou os processos cíveis antes do Código[84], mas, de fato, a imagem do Código

---

[80] **REVISTA DO INSTITUTO HISTÓRICO GEOGRÁFICO BRASILEIRO.** Rio de Janeiro: IHGB, n. 473, nov. 2017.

[81] CASTRO JÚNIOR, Torquato. Infuência da pandectística no Código Civil brasileiro. **Revista do Instituto Histórico Brasileiro**, Rio de Janeiro, v. 1, n. 473, pp. 91-105, nov. 2017, p. 100.

[82] FACHIN, Luiz Edson. Oração breve pelo transcurso do centenário do Código Civil à luz do civilismo de Orlando Gomes. **Revista do Instituto Histórico Brasileiro**, Rio de Janeiro, v. 1, n. 473, pp. 23-30, nov. 2017, p. 28.

[83] Ibidem.

[84] SIQUEIRA, Gustavo Silveira. O direito civil antes do Código de 1916: a ausência das Ordenações Filipinas e as expectativas na imprensa e na doutrina nacional. **Revista do**

Civil de 1916 era predominantemente feita por literaturas sobre o Código do que por aplicação do Código.

Quando comparo as descrições feitas por especialistas com as visões de manuais de Direito – voltados para estudantes de graduação – percebo que as descrições são parecidas e também pouco problematizantes.

Maria Helena Diniz também descreve o Código como uma "obra monumental[85]". Silvio Venosa o explica como "obra jurídica que honra as letras jurídicas de nosso país" e que suas bases eram "de fato, piegas e burguesas, como fruto da cultura da época[86]". Francisco Amaral afirma que o Código teve "grande repercussão" e que "no campo interno, deu margem à profunda e magnífica

---

Instituto Histórico Brasileiro, Rio de Janeiro, v. 1, n. 473, p. 545-562, nov. 2017.
[85] DINIZ, Maria Helena. **Curso de Direito Civil Brasileiro**: teoria geral do direito civil. 29. ed. São Paulo: Saraiva, 2012, pp. 64-65.
[86] VENOSA, Sílvio de Salvo. **Direito Civil**: parte geral. 13. ed. São Paulo: Atlas, 2013, p. 102.

floração doutrinária[87]". Já Paulo Lobo descrevia o mesmo como "impecável[88]".

Por outro lado, quando analisada a época da promulgação do Código, as visões eram bem diferentes. Clóvis Bevilaqua descrevia em 1927 um pouco aquele momento:

> Publicado o Codigo civil, houve no paiz, um duplo movimento. A maior parte dos brasileiros regosijaram-se com a terminação do trabalho, que se não suppunham perfeito, consideravam satisfactorio, e em melhores condições do que as leis dispersas, desconnexas e antiquadas que antes regulavam as nossas relações civis. Permitto-me apresentar como representantes desse movimento sympathico. Sem duvida muito mais generalizado: - Spencer Vampré, Paulo de Lacerda, e o Instituto da Ordem dos Advogados Brasileiros, que saudaram com franco enthusiasmo a nova organização do nosso direito civil positivo. Na corrente opposta, foi figura

---
[87] AMARAL, Francisco. **Direito Civil**: Introdução. 5. ed. Rio de Janeiro: Renovar, 2003, p. 88.
[88] LÔBO, Paulo. **Direito Civil:** parte geral. 8. ed. São Paulo: Saraiva, 2019, p. 44.

> proeminente Lacerda de Almeida, que está em desharmonia integral com o Codigo Civil: quando este realiza um avanço em relação ao direito anterior, acha que se devera, antes, ter mantido na sabedoria da tradição, e quando não se atira a innovações, censura-o por ficar petrificado, creando obstaculos ao progresso do direito.[89]

Em 25 de dezembro de 1915, Paulo de Lacerda publicou no Jornal do Commercio que depois também foi reproduzido por Jacintho Riberio dos Santos na primeira edição comercial do Código Civil de sua editora. Lacerda defendia a codificação, que não era necessariamente uma construção arbitrária ou imutável, mas "repositórios de uma certa classe de normas" traçadas sobre o influxo do costume, que tem "por vantagem principal a simplificação e a metodização dessas regras[90]".

---

[89] BEVILAQUA, Clóvis. **Código Civil dos Estados Unidos do Brasil Comentado**. 3. ed. Rio de Janeiro: Francisco Alves, 1927, pp. 59-60.
[90] LACERDA, Paulo de. **Código civil brasileiro**: lei n. 3071, de 1 de janeiro de 1916, precedida de uma synthesse historica e critica pelo dr. Paulo de Lacerda e seguida de um minucioso

Entendendo que a legislação brasileira era confusa e contraditória, acreditava o autor que o código faria com que o Brasil saísse de uma "mortificante balburdia" e que o "Código Civil brasileiro é o maior monumento de codificação jurídica da América[91]".

Talvez a empolgação de Paulo de Lacerda nos faça perceber – junto com outras fontes – a expectativa que se tinha no Brasil por um novo Código.

Spencer Vampré, professor da Faculdade de Direito de São Paulo, fazia diversos elogios ao novo Código Civil, "O Brasil ahi tem o seu Codigo, monumental construcção, em que se espelha o que de melhor tem produzido a nossa historia juridica. Elle honra o Brasil, honra a America Latina, honra a civilisação, e mostra que somos um povo capaz de produzir leis fecundas e

---

índice alphabetico e remissivo. Rio de Janeiro: J. R. dos Santos, 1916, pp. 03-04.
[91] Ibidem.

nobres, que correspondam aos ideaes do espirito especulativo e ás necessidades do espirito pratico"[92].

É possível perceber que o Código Civil de 1916 era celebrado e comemorado por quase todos os autores da época. Em que pesem as divergências que existiam sobre ele – e algumas foram omitidas propositadamente aqui – o objeto da pesquisa não será focar no debate teórico sobre a elaboração ou sobre a qualidade do Código, mas sim sobre o seu uso e aplicação.

Tentarei analisar, comparando doutrinas e os processos da época, se é possível compatibilizar as duas visões e entender as rupturas e possíveis continuidades que existiram na história do Direito Civil brasileiro, como já demonstrou Ricardo Marcelo Fonseca[93].

---

[92] VAMPRÉ, Spencer. **Código civil brasileiro**: anotado à luz dos documentos parlamentares e da doutrina. São Paulo: Livraria e Officina Magalhães, 1917, p. 9.
[93] FONSECA, Ricardo Marcelo. A cultura jurídica brasileira e a questão da codificação civil no Século XIX. **Revista da Faculdade de Direito UFPR**, Curitiba, v. 44, n. 1, p. 61-76, 30 jun. 2006. Universidade Federal do Paraná.

6.3 Variáveis e indicadores

Inicialmente trabalharei apenas com três variáveis da pesquisa: Ano, Vara Cível e temática dos processos. Quero saber se o fator temporal, o tipo de ação ou a localização do processo altera ou não o número de referências ao Código Civil. Ainda não está claro, com o material pesquisado preliminarmente, se outras variáveis como o nome do Juiz ou do Advogado ou bairro (ou classe) dos envolvidos do processo podem se tornar significativas para a pesquisa. De qualquer forma, estarei atento para verificar uma possível alteração nas variáveis iniciais da pesquisa.

Diante da inicial simplicidade das variáveis, inicialmente terei como indicadores apenas os artigos do Código Civil para definir a temática dos processos analisados.

6.4 Tipos de Pesquisa

Farei uma pesquisa histórico-jurídica buscando fontes primárias do início do século XX, tentando uma melhor compreensão do Código Civil naquele momento. Será uma pesquisa baseada nos processos judiciais, na literatura jurídica e nas publicações da imprensa da época.

Sendo assim, acredito que farei uma pesquisa empírica com o viés histórico que poderá ajudar na revisão da história do Direito Civil brasileiro.

6.5 Cronograma

Primeira Fase: Pesquisa documental.
1.1 Consulta aos processos civis nas Varas Cíveis da cidade do Rio de Janeiro disponíveis no Arquivo Nacional;
1.2 Início do processo de seleção e catalogação dos processos;
1.3 Análise dos argumentos levantados em petições, sentenças e manifestações nos processos.

Segunda fase: Organização do material coletado e expansão das fontes

2.1 Tabelar as informações encontradas, destacando as variáveis e verificando a possibilidade de novas;

2.2 Análise da literatura da época sobre a aplicação do Código Civil de 1916;

2.3 Procurar notícias na imprensa da época sobre a aplicação do Código;

2.4 Planejamento das demais fases da pesquisa, de acordo com as fontes encontradas.

Terceira Fase: Elaboração do resultado preliminar e comparação entre as fontes

3.1 Comparação entre o material coletado e as aproximações com os marcos teóricos;

3.2 Comparar as conclusões iniciais baseadas nos processos com as descrições da aplicação do Código Civil na época.

3.3 Redação do relatório parcial: apresentação de conclusões e resultados parciais em eventos acadêmicos.

Quarta Fase: Edição do Relatório Final

4.1 Finalização da tabela com os processos pesquisas e as informações coletadas;

4.2 Delimitação das fontes encontradas na imprensa e na literatura da época;

4.3 Redação do relatório final de pesquisa;

4.4 Participação em seminários, fóruns, congressos nacionais e internacionais sobre a temática.

Fases	Atividades	2021.1	2021.2	2022	2023.1	2023.2
1º FASE	Consulta aos processos civis nas Varas Cíveis da cidade do Rio de Janeiro disponíveis no Arquivo Nacional	X	X			
	Início do processo de seleção e catalogação dos processos			X		

	Análise dos argumentos levantados em petições, sentenças e manifestações nos processos	X	X	X		
2º FASE	Tabelar as informações encontradas, destacando as variáveis e verificando a possibilidade de novas		X	X	X	X
	Análise da literatura da época sobre a aplicação do Código Civil de 1916			X	X	X
	Procurar notícias na imprensa da época sobre a aplicação do Código			X	X	X
	Planejamento das demais fases da pesquisa, de acordo com as fontes encontradas		X			

	Atividade					
3ª FASE	Comparação entre o material coletado e as aproximações com os marcos teóricos		X	X		
	Comparar as conclusões iniciais baseadas nos processos com as descrições da aplicação do Código Civil na época		X	X		
	Redação do relatório parcial: apresentação de conclusões e resultados parciais em eventos acadêmicos.			X		
4ª FASE	Finalização da tabela com os processos pesquisas e as informações coletadas				X	
	Delimitação das fontes encontradas na imprensa e na literatura da época			X	X	X

	Redação do relatório final de pesquisa					X
	Participação em seminários, fóruns, congressos nacionais e internacionais sobre a temática				X	X

REFERÊNCIAS[94]

AMARAL, Francisco. **Direito Civil**: Introdução. 5. ed. Rio de Janeiro: Renovar, 2003. 741p.

BEVILAQUA, Clóvis. **Código Civil dos Estados Unidos do Brasil Comentado.** 3. ed. Rio de Janeiro: Francisco Alves, 1927. v. I.

CASTRO JÚNIOR, Torquato. Infuência da pandectística no Código Civil brasileiro. **Revista do Instituto Histórico Brasileiro**, Rio de Janeiro, v. 1, n. 473, pp. 91-105, nov. 2017.

DINIZ, Maria Helena. **Curso de Direito Civil Brasileiro**: teoria geral do direito civil. 29. ed. São Paulo: Saraiva, 2012. 622p.

FACHIN, Luiz Edson. Oração breve pelo transcurso do centenário do Código Civil à luz do

---

[94] O projeto deveria apresentar separadamente as referências utilizadas para sua própria formulação, assim como as referências básicas que se pretende utilizar para a pesquisa, conforme abordado nesse manual. No entanto, por entender que, tratando-se de mero anexo exemplificativo, não faria sentido apresentar um documento modelo muito extenso, razão pela qual optou-se por utilizar exclusivamente as referências trabalhadas no corpo do próprio projeto-modelo.

civilismo de Orlando Gomes. **Revista do Instituto Histórico Brasileiro**, Rio de Janeiro, v. 1, n. 473, pp. 23-30, nov. 2017.

FONSECA, Ricardo Marcelo. A cultura jurídica brasileira e a questão da codificação civil no Século XIX. **Revista da Faculdade de Direito UFPR**, Curitiba, v. 44, n. 1, p. 61-76, 30 jun. 2006. Universidade Federal do Paraná.

HESPANHA, António Manuel. **A história do direito na história social**. Lisboa: Livros Horizonte, sd. 220p.

_____. Nova história e história do direito. **Revista Vértice**, Coimbra, v. 1, n. 46, p. 17-33, abril, 1986.

LACERDA, Paulo de. **Código civil brasileiro:** lei n. 3071, de 1 de janeiro de 1916, precedida de uma synthesse historica e critica pelo dr. Paulo de Lacerda e seguida de um minucioso índice alphabetico e remissivo. Rio de Janeiro: J. R. dos Santos, 1916. 168p.

LÔBO, Paulo. **Direito Civil**: parte geral. 8. ed. São Paulo: Saraiva, 2019. v. 1.

PETIT, Carlos. **Un Código civil perfecto y bien calculado**: el proyecto de 1821 en la historia de la codificación. Madrid : Dykinson, 2019. 419p.

REVISTA DO INSTITUTO HISTÓRICO GEOGRÁFICO BRASILEIRO. Rio de Janeiro: IHGB, n. 473, nov. 2017.

SIQUEIRA, Gustavo Silveira. O direito civil antes do Código de 1916: a ausência das Ordenações Filipinas e as expectativas na imprensa e na doutrina nacional. **Revista do Instituto Histórico Brasileiro**, Rio de Janeiro, v. 1, n. 473, p. 545-562, nov. 2017.

VAMPRÉ, Spencer. **Código civil brasileiro**: anotado à luz dos documentos parlamentares e da doutrina. São Paulo: Livraria e Officina Magalhães, 1917. 184p.

VENOSA, Silvio de Salvo. **Direito Civil**: parte geral. 13. ed. São Paulo: Atlas, 2013. 1 v.

ANEXO B – CARTA AOS DISCENTES

Carta aos discentes do PPGD Direito – Turma de Metodologia da Pesquisa Jurídica – 2017.1

Para vocês que pretendem seguir a vida acadêmica:

1. Ser um professor/pesquisador não é fácil. Exige esforço, renúncias, paciência e muito estudo.
2. Você não é um gênio. E nenhum dos seus colegas ou nenhum dos seus professores. Por isso, seja humilde; a humildade é característica necessária para aquele que vai procurar o desconhecido.
3. Procure o desconhecido. Seja criativo, pense em investigações, temas, olhares que nunca foram pensados. Seja crítico sobre o que já existe, mas não esqueça de conhecer o que existe. Sem conhecer o passado, não conseguimos projetar o futuro.
4. Encare a pesquisa como um trabalho, uma rotina, um dever diário. Faça dela sua rotina, sua atividade principal. Não faça da pesquisa ou do ensino, um bico, uma atividade esporádica, uma atividade semanal. Um dia sem estudo, um dia sem ser professor/pesquisador.
5. Publique seus trabalhos, mas antes de publicá-los, envie para seus amigos, colegas, alunos, professores. Peça ajuda. A melhor crítica é a crítica sincera e íntima. Faça do debate uma parte da construção do seu trabalho.

6. Estude o seu país. Tenha certeza de que milhares de americanos, europeus e asiáticos fazem o mesmo. Tente pensar nos problemas e nas soluções brasileiras: os gregos já estão muito bem servidos. Nós, brasileiros, precisamos de muita pesquisa, ciência e educação.
7. Nunca fale de improviso. Sempre estude os temas antes de opinar. O objeto pode ser muito mais complexo do que você imagina e os especialistas podem julgar você por esses erros.
8. Perdoe seus professores. Eles erram. Também deveriam estudar mais.
9. Perdoe seu professor de metodologia da pesquisa. Ele é mal-humorado, não tem paciência, prefere romance à filosofia, sabe mais história do que direito e não tem mais fé nos juristas. Mas tenha certeza de que ele fez de tudo, ou quase tudo, para que você construísse conhecimento junto a ele.
10. E mais importante de tudo, seja feliz (com ou sem lattes)!

Se essa disciplina não serviu para nada, espero que esses conselhos sirvam para algo.

Foi uma honra aprender com vocês.

Um grande abraço

Gustavo S. Siqueira

Rio de Janeiro, 05 de julho de 2017.

Este livro foi editado e
revisado por Mayara Carvalho

www.ingramcontent.com/pod-product-compliance
Lightning Source LLC
Chambersburg PA
CBHW031613210526
45464CB00004B/1556